PENSE BEM ANTES DE
ENVIAR

DR. EMERSON EGGERICHS

DO MESMO AUTOR DO BEST-SELLER **AMOR E RESPEITO**

PENSE BEM ANTES DE
ENVIAR

4 COISAS QUE **VOCÊ PRECISA SABER** PARA NÃO
SE TORNAR VÍTIMA DAS **SUAS MENSAGENS** NA **INTERNET**

THOMAS NELSON
BRASIL®

Título original *Before You Hit Send*
Copyright © 2017 por Emerson Eggerichs
Edição original por W Publishing Group. Todos os direitos reservados.
Copyright da tradução © Vida melhor Editora, S. A., 2018.
Todos os direitos desta publicação são reservados por Vida Melhor Editora, S. A.

Publisher	Omar de Souza
Gerente editorial	Samuel Coto
Editor	André Lodos Tangerino
Assistente editorial	Bruna Gomes
Copidesque	Patrícia Garcia
Revisão	Fátima Fuini
	Gisele Múfalo
Capa	Rafael Brum
Diagramação	Filigrana

Os pontos de vista desta obra são de total responsabilidade de seu autor, não refletindo necessariamente a posição da Thomas Nelson Brasil, da HarperCollins Christian Publishing ou de sua equipe editorial.

As citações bíblicas são da *Nova Versão Internacional*, a menos que seja especificada outra versão da Bíblia Sagrada. Itálicos e outras ênfases acrescentadas às citações das Escrituras são do próprio autor.

Nomes e fatos de histórias contidas neste livro foram mudados, mas os sentimentos expressos estão de acordo com os relatos recebidos pelo autor por meio de cartas, e-mails ou conversas pessoais. Foram concedidas permissões para o uso de nomes, histórias e correspondências reais.

CIP-BRASIL. CATALOGAÇÃO NA FONTE
SINDICATO NACIONAL DOS EDITORES DE LIVROS, RJ

E28p

Eggerichs, Emerson
  Pense bem antes de enviar : 4 coisas que você precisa saber para não se tornar vítima das suas mensagens na internet / Emerson Eggerichs ; tradução Talita Nunes. - 1. ed. - Rio de Janeiro : Tomas Nelson Brasil, 2018.
  256 p. : il. ; 23 cm.

  Tradução de: Before you hit send
  ISBN 9788578602512

1. Internet. 2. Mensagens eletrônicas. 3. Redes de relações sociais. I. Nunes, Talita. II. Título.

17-46581   CDD: 302.30285
  CDU: 316.472.4

Thomas Nelson Brasil é uma marca licenciada
à Vida Melhor Editora, S. A.
Todos os direitos reservados à Vida Melhor Editora S. A.
Rua da Quitanda, 86, sala 218 – Centro
Rio de Janeiro – RJ – CEP 20091-005
Tel: (21) 3175-1030
www.thomasnelson.com.br

Dedicatória

Meus dois netos (Jackson, 6 anos, e Ada, 2) trazem à Sarah ("Mimi") e a mim ("Poppi") um deleite profundo. Temos uma frase escrita a giz e emoldurada: "Ser avô é a única coisa na vida cujo valor não é superestimado".

Mas, quando visualizo o futuro deles, pergunto-me se deveríamos subestimar o mundo que vão herdar. Como transitarão na interação com as outras pessoas da terra? Sabemos que a maioria das culturas estará ao alcance de seus dedos — literalmente, por meio de e-mails, mensagens, tuítes e assim por diante. Eles serão capazes de comunicar-se com qualquer um, em qualquer lugar, usando Skype ou WhatsApp.

Assim, eu dedico este trabalho ao Jackson e à Ada Joy Marie, para ajudá-los a guiarem seus pensamentos e palavras. Este livro os desafia a pensar antes de falar e considera quatro questões antes de falar: Isto é verdade? É algo bom? É necessário? Está claro?

Se a resposta for não, não envie.

Se a resposta for sim, Poppi diz: "Envie!"

Sumário

Introdução 9

Capítulo 1
Isto é verdade? 21
Capítulo 2
Isto é algo bom? 77
Capítulo 3
Isto é necessário? 133
Capítulo 4
Isto está claro? 185

Epílogo 231
Agradecimentos 241
Sobre o autor 243
Notas 245

Introdução

VERDADE, BONDADE, NECESSIDADE E CLAREZA: A BOLA DA COMUNICAÇÃO

> Dance como se ninguém estivesse vendo; escreva seus e-mails como se um dia pudessem ser lidos em voz alta durante um depoimento.
>
> OLIVIA NUZZI

Essa poderosa frase de Nuzzi, do *The Daily Beast* [A fera diária], veio no encalço do vazamento de quase 20 mil e-mails do Comitê Democrático Nacional dos EUA, antes de sua convenção nacional de 2016.[1]

A cada 24 horas, 205 bilhões de e-mails são enviados pelo ciberespaço;[2] a cada 60 segundos, 510 comentários são publicados no Facebook (isto é, 734 mil postagens por dia);[3] e, a cada segundo, quase 6 mil tuítes são lançados pela internet para todo o universo tuiteiro ver, totalizando 350 mil tuítes por minuto e 500 milhões por dia.[4]

Apesar de fazerem a cabeça girar, essas estatísticas não incluem o que sai do YouTube, LinkedIn, Pinterest, Google Plus, Tumblr, Instagram ou das incontáveis plataformas criadas todo ano. Seria seguro dizer, então, que dessas centenas de bilhões de comunicações feitas todos os dias um grande número dos autores do conteúdo gostaria de ter tirado tempo para pensar, com mais cuidado, sobre tudo que estava comunicando e para revisar (ou mesmo deletar por inteiro) as mensagens que enviou de modo imprudente, em um momento de emoção?

Quando tal coisa acontece com você, com um membro da família ou um empregado, você entende a angústia que pode causar e quão importante é pensar antes de agir. E o que dizer do atleta que não consegue deixar de publicar sua opinião sobre a liga ou o time para o qual joga? Seria porque não entende que ter liberdade de expressão não significa poder falar tudo o que pensa sem consequências por parte de seu contratante? Ou o que dizer do político, uma vez que a mídia e as organizações fiscalizadoras analisam cada comentário feito e não hesitam em levar ao público suas suspeitas do que acreditam que o candidato esteja comunicando? E quanto à personalidade de televisão que é rápida em postar opiniões controversas não bem recebidas pelo público em geral, que causam tanto tumulto e repercussão a ponto de ser necessário uma suspensão ou mesmo um encerramento de seu contrato?

Mas não é preciso estar sob os holofotes da publicidade para arrepender-se de um e-mail ou de uma publicação em uma mídia social. Pegue, por exemplo, uma candidata a emprego em uma grande empresa de software, a qual tuitou que acabara de receber uma proposta de trabalho, mas que agora teria de "pesar a utilidade de um salário polpudo contra a viagem diária para São José, sem falar no fato de odiar o trabalho". Logo após seu tuíte não muito bem pensado, ela recebeu uma resposta de um empregado da mesma companhia que intencionava contratá-la, perguntando-lhe: "Quem é o gerente de contratação? Tenho certeza de que ele gostará de saber que você vai odiar o trabalho. Nós aqui da Cisco somos entendidos da web."[5]

Justine Sacco era da chefia global de comunicações em um conglomerado de mídias, vivia em Nova York e, em um voo para a África do Sul, durante o Natal, ela tuitou: "Indo para a África. Espero não pegar AIDS. Brincadeirinha. Eu sou branca!". Após o avião tocar o solo, ela descobriu que seu tuíte se tornara viral. O resultado foi que seu contratante a demitiu e ela experimentou uma hostilidade impensável.[6] Sacco enviou o que considerava ser um tuíte ridículo, exagerado, irônico. Mas ele não foi recebido desse modo. Ela rapidamente se tornou a garota propaganda de tuítes ruins, e o incidente foi amplamente coberto.

Mídia social significa o que o próprio nome já diz: é *social*. A sigla WWW vem de "World Wide Web" (rede mundial de computadores); é mundial. Os métodos de comunicação de hoje permitem que nossa mensagem seja transmitida para, potencialmente, milhões de pessoas, de Auckland; na Nova Zelândia, para Oakland; nos Estados Unidos. Mas não são apenas os tuiteiros fanáticos que podem se encrencar. Cada um de nós pode sucumbir, especialmente com e-mail. É por isso que o autor Seth Godin, antes de enviar uma mensagem, sempre se pergunta: *Há algo neste e-mail que eu não gostaria que o procurador-geral, a mídia ou meu chefe vissem? (Se sim, deleto.)*[7]

Listas de controle e questionamentos como esse ajudam em todas as formas de comunicação, não apenas e-mail e mídia social. Aposto que Tony, que escreveu na página *Love and Respect* [Amor e Respeito] do Facebook o relato a seguir, desejaria ter verificado mentalmente uma lista de controle antes de enfiar os pés pelas mãos durante o serviço:

> Certa vez, enquanto trabalhava atendendo clientes no balcão do açougue, perguntei a uma mãe, com um filho pequeno e uma barriga um tanto protuberante: "O bebê chega quando?". Ela me informou que não estava grávida. Dando-me conta do erro, retruquei: "Não, quero dizer, quando é que o bebê chega no jardim de infância?", referindo-me à criancinha. Pela sua expressão, ela não engoliu. A partir daí eu aprendi a ouvir mais antes de abrir a boca.

E o pastor, que há uma semana anunciou do púlpito: "Venham semana que vem, ouçam nosso novo organista tocar e descubram de que diabos estou falando". Ele não pensou antes de falar! Em vez disso, seus lábios foram mais rápidos que seu cérebro ao tentar promover o novo tocador de órgão e divulgar o sermão que ele faria sobre o diabo. Ele não se perguntou a tempo: *Como é que eles vão ouvir isso?*

Todos os dias temos o potencial para soltar asneiras tanto verbais quanto escritas. Não faz diferença se estamos proseando com um estranho sobre o balcão do açougue, conversando pelo celular com o departamento de serviço ou enviando um e-mail para um colega de trabalho. Se a comunicação não for clara, as pessoas podem entender errado. Quando não paramos para pensar antes de falar, aumentamos a probabilidade de sermos incompreendidos, o que pode acarretar falta de comunicação. As pessoas ficam questionando se temos boa vontade ou bom senso, ou nenhum dos dois. Quando falamos antes de pensar, ampliamos a chance de os outros ficarem consideravelmente magoados, frustrados, confusos, bravos, receosos ou ofendidos por algo que comunicamos.

E as coisas podem rapidamente ir de mal a pior:

- durante uma conversa pelo Skype com a mamãe, que está aborrecida porque não nos comunicamos com regularidade;
- em uma troca de mensagens com um jardineiro que não apareceu para trabalhar com a grama;
- à mesa, no domingo, durante um junta-panelas na igreja, quando os estilos de música de louvor são calorosamente debatidos;
- em uma reunião de gestão com colegas de trabalho descontentes pela falta de bônus este ano;
- durante uma entrevista com um futuro empregador que questiona as credenciais do candidato; ou
- em uma série de tuítes que eu envio para os vizinhos sobre meu candidato político favorito, visto por eles como parente de Satanás.

Embora o título do livro seja *Pense bem antes de enviar*, sugerindo a importância de, antes de apertar "Enviar", pensar em todas as possíveis consequências de seu tuíte, e-mail ou publicação no Facebook, a máxima verdadeira representada pelo título é: "Pense antes de falar". E o que exatamente você deve "pensar antes de falar"? Aqui estão quatro perguntas para você se fazer com relação a tudo o que vai comunicar:

- Isto é verdade?
- Isto é bom?
- Isto é necessário?
- Isto está claro?

★★★★★

Quando era universitário, sentei-me para um culto na capela da Wheaton College e ouvi um orador fazer a seguinte declaração: "Todos nós devemos questionar três coisas antes de comunicarmos algo: Isto é verdade? É algo bom? É necessário?". Não me recordo do nome ou do rosto do palestrante, mas me lembro do conselho como se houvesse sido dado ontem. Ele me convenceu imediatamente. Nunca tive de memorizá-lo. Aquela breve sentença me impactou e grudou em meu cérebro. Foi um momento inesquecível e transformador. Tal comentário acompanha meu pensamento por mais de quatro décadas.

Posteriormente, fiquei sabendo que muitos creditavam a Sócrates, o filósofo que viveu de 469 a 399 a.C., o reconhecimento da vital importância de se perguntar: "É verdade, é algo bom, é necessário?".[8] Ninguém sabe, entretanto, quem redigiu a questão exata. Perguntei a um amigo, professor de filosofia, se poderia apontar-me a citação exata de Sócrates, e ele respondeu: "Aí você me pegou". Perguntei ao meu bom amigo Eric Metaxes, que fundou o programa *Socrates in the City* [Sócrates na cidade], e ele me mandou um e-mail de volta: "Acabei de fazer uma pesquisa no Google e, honestamente falando, é algo bastante inconclusivo".

De qualquer maneira, em um culto na capela eu me apropriei de uma regra de comunicação que tem funcionado bem para mim (e vai funcionar para você). Cada um dos conceitos tem guiado e guardado minha fala e escrita, e muitas pessoas têm testificado da riqueza dessa sabedoria.

Em *The Children's Story Garden* [O jardim da história das crianças], de 1920, lemos sobre "As três peneiras":

Um garotinho, um dia, voltando da escola, entra correndo em casa e chama a mãe com entusiasmo:
— Ah, mãe, o que você acha de Tom Jones? Eu acabei de ouvir q...
— Espere um minuto, meu garoto! Você, antes de me contar, já passou pelas três peneiras o que ouviu?
— Peneiras, mãe! Como assim?
— Bem, a primeira peneira é chamada Verdade. Isto é verdade?
— Ora, não sei direito, mas Bob Brown disse que Charlie contou para ele que To...
— Isso está muito enrolado! E quanto à segunda peneira: Bondade. É algo bom?
— Bom?! Não, não dá para dizer que é bom.
— Agora a terceira peneira: Necessidade. Passa por ela? Você precisa contar isto?
— Não, mãe, eu não preciso repetir isso.
— Então, meu garoto, se não é necessário, não é algo bom e talvez nem seja verdade, deixe a história morrer.[9]

O que sei é que essas três ideias estão latentes na Bíblia. Quem não cita Efésios 4:15: "Falando a verdade com espírito de amor" (NTLH)? Aqui encontramos verdade e bondade. Como pastor por quase vinte anos, com frequência ouvi esse versículo saindo dos lábios do pessoal na minha congregação. Além disso, quem nunca citou, ou ao menos ouviu alguém citar Eclesiastes 3:7: "[Há] tempo de calar e tempo de falar"? Algumas coisas não necessitam ser ditas, outras necessitam. Talvez não soubéssemos a referência exata desse versículo, mas a verdade deixou uma impressão duradoura. No cômputo geral, sabemos intuitivamente que devemos falar a verdade em amor, no tempo apropriado. Reconhecemos

15

isso como um aspecto fundamental da comunicação interpessoal. Convence a todos nós.

Isso me atraiu, uma vez que nunca quis que me dissessem: "O que você acaba de falar é falso, maldoso e desnecessário". Ser criticado desse modo seria uma reprimenda que perturbaria profundamente minha alma. Em vez disso, eu desejava ser alguém que, ao falar ou escrever, fosse visto pelos outros como acurado, benevolente e útil. Tinha o desejo de ser competente, confiável e efetivo. Queria ser um bom comunicador. Eu não queria chateação nem decepção por ficar falando sem pensar.

"Mas, Emerson, não eram quatro as perguntas que você listou para todo mundo fazer?" Sim, desde aquele dia, na capela, eu cheguei à conclusão de que um quarto item de checagem precisava ser acrescentado à verdade, à bondade e à necessidade: o que estamos comunicando para os outros deve também estar claro. Por muitas vezes, eu sabia que havia dito algo verdadeiro, bom e necessário, mas acabava descobrindo que não fora claro.

Eu, por exemplo, erroneamente assumia que os outros conhecessem todos os fatos — a *verdade* toda. Mas, como não estavam a par das coisas, eles sentiam-se perdidos e confusos sobre o que eu comunicava. Também supunha que as pessoas entendessem quando eu estava sendo bobo em um comentário, e não sarcástico ou *maldoso*. Em vez disso, elas pensavam que eu as menosprezava. Eu supunha que os leitores apreciassem toda a informação, mas descobri, bem cedo, que consideravam uma porção dela *desnecessária*, visto que os confundia e tinham de perguntar: "Qual é o seu ponto exatamente?".

O apóstolo Paulo asseverou tal necessidade de clareza. Lemos em 1Coríntios 14:9: "Se não proferirem palavras compreensíveis com a língua, como alguém saberá o que está sendo dito?". Essa é uma pergunta universalmente retórica.

Para mim, quando me faço estas perguntas, boas coisas acontecem:

- Esta comunicação é verdadeira?
- Esta comunicação é bondosa?
- Esta comunicação é necessária?
- Esta comunicação está clara?

Eu sei que são vitais. Por quê? Porque quero que você fale comigo desse jeito! Não quero que você minta para mim, seja rude, diga-me algo que eu não preciso saber ou me deixe confuso com observações difíceis de acompanhar.

Sei que o fato de eu responder a essas quatro perguntas diminui a probabilidade de você ficar com uma impressão errada e aumenta a probabilidade de você ficar com a impressão certa! Isso me poupa muito tempo, não precisando corrigir mal-entendidos e romper relacionamentos.

★★★★★

Há alguns anos, Robert Fulghum escreveu um livro chamado *All I Really Need to Know I Learned in Kindergarten* [Tudo o que eu devia saber na vida aprendi no jardim de infância].[10] Eu amo esse título. O autor afirma que, aos cinco anos de idade, já havíamos aprendido o suficiente para conseguir atravessar a vida de modo bem-sucedido interpessoalmente, se tão somente agíssemos de acordo com isso depois, quando adultos!

Com essa idade, quem não sabe o axioma "pense antes de falar"? Todo pai e mãe ensinam aos filhos esse princípio fundamental da comunicação, desde os quatro anos, se não antes. Mas o mais sábio entre nós reconhece não haver garantia absoluta de que agirá hoje de acordo com o que aprendeu ontem. Quando se trata de ser de fato bem-sucedido na interação com os outros, o ponto não é tanto aprender coisas novas, mas agir de acordo com a sabedoria dos antigos, aprendida quando éramos novos. Há fundamento para que as bases sejam alicerces.

No livro *When Pride Still Mattered: A Life of Vince Lombardi* [Quando o orgulho ainda importava: Uma vida de Vince Lombardi], David Maraniss escreveu sobre Lombardi no começo de um acampamento de treinos, em 1961, com o time dos Green Bay Packers:

> [Vince] não assumia nada como garantido. Ele iniciou uma tradição de começar do zero, considerando que os jogadores eram um quadro em branco, que não carregavam nenhum conhecimento do ano anterior [...] Ele começou com a declaração mais elementar de todas: "Cavalheiros", disse, segurando uma bola oval na mão direita, "isto é uma bola de futebol americano".[11]

Permita-me dizer: o melhor dos comunicadores precisa se lembrar do que é a "bola" todos os dias. Para mim, a bola da comunicação é sempre fazer as quatro perguntas. Quando deixo de fazê-las, perco o jogo.

Nas páginas que virão, quero que retornemos às bases e olhemos de perto os quatro conceitos. Responderemos às seguintes questões:

- O que estou prestes a dizer é a verdade, toda a verdade e nada mais que a verdade?
- Isto soa amável e respeitoso?
- Será que isto deveria ser dito agora, depois ou nunca?
- Isto está claro para mim e para a outra pessoa?

Vamos dançar como se todo mundo estivesse vendo. Vamos escrever como se todo mundo estivesse lendo. Vamos falar como se todo mundo estivesse escutando.

CAPÍTULO 1

Isto é verdade?

MEDITAÇÃO NAS ESCRITURAS SOBRE UM DISCURSO VERDADEIRO

"Portanto, *cada um* de vocês deve abandonar a mentira e **falar a verdade** *ao seu próximo*, pois todos somos membros de um mesmo corpo."

(Efésios 4:25, grifo nosso)

"**Não mintam** uns aos outros, visto que vocês já se despiram do velho homem com suas práticas."

(Colossenses 3:9, grifo nosso)

"**Deus que não mente**."

(Tito 1:2, grifo nosso)

"Então perguntou Pedro: 'Ananias, como você permitiu que Satanás enchesse o seu coração, ao ponto de você mentir ao Espírito Santo e guardar para si uma parte do dinheiro que recebeu pela propriedade? Ela não lhe pertencia? E, depois de vendida, o dinheiro não estava em seu poder? O que o levou a pensar em fazer tal coisa? **Você não mentiu aos homens, mas sim a Deus**'."

(Atos 5:3,4, grifo nosso)

"Estes são os que não se contaminaram com mulheres, pois se conservaram castos e seguem o Cordeiro por onde quer que ele vá. Foram comprados dentre os homens e ofertados como primícias a Deus e ao Cordeiro. **Mentira nenhuma foi encontrada em suas bocas**; são imaculados."

(Apocalipse 14:4,5, grifo nosso)

"Os **lábios que dizem a verdade** permanecem para sempre, mas a **língua mentirosa** dura apenas um instante."

(Provérbios 12:19, grifo nosso)

"O Senhor odeia os **lábios mentirosos**, mas se deleita com os que falam a verdade."

(Provérbios 12:22, grifo nosso)

"A **testemunha falsa** não ficará sem castigo, e aquele que despeja mentiras não sairá livre."

(Provérbios 19:5, grifo nosso)

"A **fortuna** obtida com **língua mentirosa** é **ilusão fugidia** e armadilha mortal."

(Provérbios 21:6, grifo nosso)

"Não falam pacificamente, mas planejam **acusações falsas** contra os que vivem tranquilamente na terra."

(Salmos 35:20, grifo nosso)

ISTO É A VERDADE, TODA A VERDADE E NADA MAIS QUE A VERDADE, COM A AJUDA DE DEUS?

Em *Grandes Expectativas*, de Charles Dickens, lemos: "'Há uma coisa da qual você pode ter certeza, Pip', disse Joe, após uma certa reflexão, 'isto é, que mentiras são mentiras. Não importa como é que elas venham, não deveriam vir'."[12]

O sistema judicial dos EUA revela três "como é que" as mentiras podem vir. As testemunhas são questionadas, enquanto levantam a mão direita e colocam a esquerda sobre uma Bíblia: "Você jura dizer a verdade, toda a verdade e nada mais que a verdade, com a ajuda de Deus?". Sob ameaça de perjúrio, a pessoa deve evitar a mentira de três maneiras. A primeira maneira é não comunicando o que sabe ou acredita ser falso; do contrário, não estaria falando a verdade. A segunda é não comunicando meias-verdades; uma meia-verdade induz ao erro. A terceira é não temperando a verdade toda com algumas mentiras, visto que tornaria incerto o todo.

Infelizmente, a menos que sejam solicitadas a jurarem sob pena de perjúrio, algumas pessoas estão sempre prontas a mentir. A natureza humana tem essa tendência. Um camarada me mandou um e-mail: "Mentir acontece de maneira incontrolável. Eu faço. Os outros fazem. Parece que todo mundo está mentindo. Simplesmente é mais fácil não dizer a verdade". Suponho que essas pessoas não acham a mentira prazerosa, apenas banal.

Caso uma testemunha seja pega mentindo, o tribunal descarta aquele testemunho. Quem consegue acreditar em uma pessoa que foi descoberta mentindo? Ao mentir na tribuna uma vez, ela mentiu duas vezes, porque antes jurara dizer a verdade. Mesmo que diga a verdade agora, o juiz e o júri não lhe darão crédito.

Alguns argumentam que não há problema em falar coisas que não são verdades, desde que se acredite terem sido ditas por necessidade e boa intenção. Entretanto, uma mentira é uma mentira, como quer que a chamemos, do mesmo modo que uma rosa é uma rosa, independentemente de como a chamamos. Não importa o quanto alguém se sinta compassivo por dizer uma inverdade, por fim a mentira será exposta.

O doutor John Ioannidis, pesquisador médico mundialmente reconhecido, tem exposto o que há de melhor e mais brilhante no meio acadêmico.

> Seu modelo previu, em diferentes campos do estudo clínico, taxas de erro [...] 80% dos estudos não-randomizados (de longe o tipo mais comum) se mostraram errados, tal como 25% dos testes com, supostamente, padrão-ouro e, da mesma forma, 10% dos testes randomizados de grande dimensão com padrão-prata.

Dos 49 principais estudos que impactaram o campo médico como nenhuma outra descoberta, e que são citados incontáveis vezes ao redor do mundo, 34 foram testados novamente e 14 deles estavam errados!

> Esses eram artigos que ajudaram a disseminar a popularidade de tratamentos tais como o uso da terapia de reposição hormonal para mulheres na menopausa, vitamina E para reduzir o risco de doenças cardíacas, *stents* coronários para proteger de ataque cardíaco, e uma pequena dose diária de aspirina para controlar a pressão sanguínea e evitar ataque cardíaco e derrame.

Doutor Ioannidis acredita que

os pesquisadores estavam frequentemente manipulando a análise de dados, indo mais atrás de descobertas que alavancassem a carreira do que da boa ciência; até mesmo usavam o processo de revisão paritária — na qual os jornais pedem ajuda a pesquisadores para decidir que estudos serão publicados — para suprimir opinião contrária.[13]

Não faz diferença se a manobra é movida por compaixão ou avanço na carreira ou supressão de posições antagônicas; é de pouco proveito recusar-se a falar a verdade, toda a verdade e nada mais que a verdade. Abraham Lincoln escreveu: "A falsidade [...] é o pior inimigo que um indivíduo pode ter. O fato é verdade e seu amigo mais verdadeiro, não importam quais sejam as circunstâncias."[14]

O CERNE DA COMUNICAÇÃO VERDADEIRA

Nos anos 1800, um jovem africano, no começo de sua adolescência, estava em pé sobre um bloco de madeira, prestes a ser leiloado para donos de escravos. Antes de os lances começarem, um deles aproximou-se do garoto e perguntou-lhe:

— Se eu comprá-lo, você será honesto?

Respeitosamente, ele respondeu:

— Eu serei honesto, quer você me compre, quer não.[15]

Quando me contaram essa história há uns anos, tive um momento "Eureca!". O exemplo desse jovem afetou profundamente meu modo de pensar. Ele seria honesto independentemente das pessoas ou circunstâncias. Era um indivíduo criado à imagem de Deus, que tinha a liberdade de viver pelo código moral divino, e ninguém poderia fazê-lo agir de outro modo. O rapaz decidira ser íntegro. Podia ser um escravo, uma vítima de incivilidade maligna, mas se recusava a ser um escravo das mentiras. Seu exemplo incrível me levou a concluir que as outras pessoas não me fazem mentir, apenas revelam minha escolha de ser mentiroso. Este é o cerne da questão: o coração.

Jesus disse: "Pois a boca fala do que está cheio o coração. O homem bom do seu bom tesouro tira coisas boas" (Mateus 12:34,35). Em outras palavras, a boca fala o que é bom e honesto por causa de um coração bom. Embora Jesus reconhecesse a condição pecaminosa e caída de todas as pessoas, e a necessidade de crerem nele como Salvador, ele não hesitou em descrever algumas pessoas como tendo um "bom coração". Lemos em Lucas 8:15: "E a [semente] que caiu em boa terra, esses são os que, ouvindo a palavra, a conservam num coração honesto e bom, e dão fruto com perseverança" (ACF).

Por outro lado, mentir indica um coração mau — nossa natureza mais sombria. Em João 8:44, Jesus disse aos fariseus: "Vocês são filhos do Diabo e querem fazer o que o pai de vocês quer [...ele] nunca esteve do lado da verdade porque nele não existe verdade. Quando o Diabo mente, está apenas fazendo o que é o seu costume, pois é mentiroso e é o pai de todas as mentiras" (NTLH). De acordo com Jesus, mentir é fruto de um costume, uma natureza. Por analogia, o que sobra quando um bêbado ladrão de cavalos decide parar de beber? Um ladrão de cavalos. Sua natureza para roubar continua.

Como saber se a mentira está em sua natureza? As pessoas têm um preço e mentem quando ele é atingido. A Bíblia registra que Ananias queria impressionar a igreja primitiva da mesma forma que Barnabé o fizera (Atos 4:36,37). Barnabé vendera um pedaço de terra e dera todo o dinheiro para a igreja. Ananias queria causar o mesmo deslumbramento na comunidade (Atos 5). Ele almejava ter o mesmo reconhecimento que Barnabé recebeu. Entretanto, Ananias tramou uma maneira de evitar o mesmo sacrifício. Ele vendeu um pedaço de terra por uma determinada quantia, digamos, uns 250 mil dólares na economia de hoje, mas disse aos líderes da igreja que havia vendido por 150 mil e que estava dando o valor integral aos irmãos. A verdade é que ele estava guardando 100 mil para si. Ananias comprometeu sua integridade por um preço e, como resultado, Deus tirou-lhe a vida, bem como a de sua esposa, Safira, que embarcara junto na mentira.

Você tem um preço? A que preço comprometeria seu caráter, sua integridade?

A REGRA DE OURO DA COMUNICAÇÃO VERDADEIRA

Recentemente, conversei com um amigo que ficou sabendo, por um mecânico, que seu veículo tinha um problema grave que o desvalorizava. Se meu amigo desse segmento ao trabalho no automóvel, a oficina se veria forçada a registrar o conserto no site do Carfax, que oferece informações para possíveis compradores. O gerente disse que, por causa dos reparos, as pessoas não se interessariam pelo carro, uma vez que estaria tudo no relatório. Por outro lado, se não fizessem o serviço, ele conseguiria vendê-lo sem o comprador saber do problema, visto que não haveria nenhum registro público. Meu amigo perguntou-me o que devia fazer. Eu respondi: "Ora, a resposta é bem simples. Se o consumidor fosse você e omitissem a verdade sobre esse carro, você ficaria indignado quando ele pifasse e morresse na rodovia durante horário de pico." Descobri que honestidade é a melhor política, mesmo que no curto prazo se mostre mais onerosa.

A Regra de Ouro diz: "Como vocês querem que os outros lhes façam, façam também vocês a eles" (Lucas 6:31). Quer saber como se comunicar toda vez de modo verdadeiro? Pergunte a si mesmo sobre da Regra de Ouro: "Comunico-me com os outros do mesmo modo que gostaria que se comunicassem comigo?"

O que acho fascinante é que algumas pessoas bem espertas cedem exatamente nesta conjuntura. Elas querem ser tratadas de acordo com a Regra de Ouro da comunicação verdadeira, mas não querem estar presas a isso. Elas ignoram em absoluto a própria hipocrisia. Um dos grandes filósofos da conversação, Paul Grice, adotou várias máximas sobre comunicação, tais como: "Não diga algo que creia ser falso." Um acadêmico escreveu sobre elas:

> Essas máximas podem ser mais bem compreendidas como sendo uma descrição das suposições que os ouvintes normalmente fazem sobre o modo como o locutor falará, e não tanto como prescrições sobre como se deve falar [...] 'Embora Grice as tenha apresentado na forma de diretrizes para uma comunicação de sucesso [...] elas são mais bem interpretadas como suposições [...] nas quais nós, enquanto ouvintes, apoiamo-nos e das quais, enquanto locutores, tiramos proveito'.[16]

Você entendeu o ponto? Quando os outros falam conosco, esperamos que sejam verdadeiros; mas quando falamos com eles, damo-nos o direito de mentir. Em outras palavras: "não minta para mim, mas eu posso mentir para você." Somos mesmo tão mais importantes do que os outros?

Quando a situação fica difícil e sentimos que falar a verdade vai nos fazer perder ou não ganhar algo, será que damos a informação errada para proteger nossos interesses? Somos parciais quanto à verdade e induzimos as pessoas ao erro? Será que fraquejamos e prejudicamos a verdade? Deixamos de dizer aquilo que sabemos ser a coisa certa a dizer? Ou estamos comprometidos a fazer o que sabemos ser o certo: dizer a verdade, toda a verdade e nada mais que a verdade, com a ajuda de Deus?

Se sabemos que a comunicação verdadeira deveria ser uma via de mão dupla, por que cargas d'água rejeitaríamos a Regra de Ouro de comunicar a verdade e mentiríamos para os outros, sendo que esperamos que eles sejam verdadeiros conosco? Consideremos algumas "razões".

POR QUE COMUNICAMOS ALGO QUE NÃO É VERDADE?

Anos atrás um amigo me perguntou: "Você sabe o significado da palavra 'racionalizar' em inglês, *racionalize*? Tem o mesmo som de *rational lies*, mentiras racionais." Essa percepção captura muito da verdade sobre por que falamos inverdades. Nós temos nossas razões!

A dificuldade é que, muitas vezes, de fato pensamos antes de falar (ou de enviar algo); queremos comunicar a verdade, mas deixamos que outros fatores nos façam mudar de ideia. Aqui eu o convido a considerar vinte mentiras racionais. Algumas dessas o convence? É este o roteiro interno de conversa que você tem consigo e com os outros, sobre o motivo de, às vezes, ser menos do que verdadeiro? Abordaremos brevemente as razões de cada tipo de indivíduo.

O TEMEROSO: Honestamente, eu temo as consequências dos erros do passado, então eu os escondo.

O EGOÍSTA: O que eu posso dizer? A mentira trabalha a meu favor, impulsionando-me em direção aos meus objetivos.

O EVASIVO: Se os outros não souberem o que eu fiz de errado, haverá menos problemas para todos os lados.

O ORGULHOSO: Preciso aparentar ser melhor do que sou para que os outros sintam-se confortáveis comigo e gostem de mim.

O ÁGIL: Eu minto porque é mais rápido e mais fácil para mim no momento.

O EMOCIONAL: Se sinto que é verdade, eu falo. Não preciso de todos os fatos quando sinto que estou certo.

O DESATENTO: Não sabia que o que eu disse era impreciso. Todo mundo erra.

O BAJULADOR: Eu quero ser verdadeiro ao mesmo tempo que diplomático, mas o elogio insincero funciona melhor para mim.

O AUTOILUDIDO: Tem gente que diz que eu minto para mim mesmo. Mas isso é mentira. Sou 100% honesto comigo.

O CAMALEÃO: Para escapar de conflito, eu torço minhas crenças de modo a se adaptarem ao meu público; ou o que agradá-lo.

O ENGANADO: Não é culpa minha. Eu fui induzido a prometer sigilo e isso facilitou uma mentira.

O PROTETOR: Eu me sinto responsável por proteger os interesses alheios, mesmo que, para isso, tenha de mentir.

O CRÔNICO: Sempre minto, mesmo quando a verdade é melhor. Algo toma conta de mim.

O IMITADOR: Não estou realmente interessado em mentir, mas todo mundo faz, então eu também faço.

O PERPETUADOR: Eu minto para compensar as outras mentiras que já contei; infelizmente, mentira gera mentira.

O ENVERGONHADO: Fico um pouco constrangido com as coisas ruins que já fiz, por isso minto para parecer bom.

O JURADOR: Admito quando me colocam contra a parede, eu juro por Deus para que acreditem no que estou dizendo.

O GÊNIO: Eu sou esperto, guardo na cabeça tanto a mentira quanto a verdade. É fácil sair impune depois de mentir.

O ARTÍFICE DE PALAVRAS: Acho fácil e divertido torcer as palavras, usando duplos sentidos que confundem.

O ENGRAÇADINHO: Francamente, acho que ludibriar os outros é uma brincadeira empolgante e engraçada.

O TEMEROSO

Muitas vezes, tememos que o desfavor venha sobre nós, caso falemos uma verdade que não satisfaz, seja sobre nós mesmos ou sobre os outros. Gente temerosa é capaz de manter silêncio quanto à verdade ou pode decidir dizer ou fazer algo em desacordo com a verdade para impedir que seus medos se realizem. Observe como o medo nos leva a usar as seguintes justificativas para se contar uma mentira:

- menti sobre o caso porque estava com medo de que minha esposa pedisse o divórcio;
- se não mentir sobre este novo produto no site da empresa, eu temo a ira da gerência;
- menti sobre a proposta e o cronograma, dizendo para o possível cliente o que ele queria ouvir, por temer que não me contratasse;
- menti sobre minhas credenciais no currículo por medo de que não me concedessem uma entrevista;

- menti para minha chefe no relatório porque temi um conflito com ela;
- não contei toda a verdade quando tuitei sobre o candidato que eu odeio por temer que a verdade integral favorecesse sua imagem e o ajudasse na eleição, e então ele promulgaria leis contrárias aos meus interesses sociais;
- menti no Facebook sobre a exótica viagem para a Ásia, por medo de que as pessoas não me vissem como importante e feliz, caso conhecessem minha vida diária.

O EGOÍSTA

Um colega no trabalho tem em vista a mesma promoção que você busca e somente um vai obtê-la. Infelizmente, o presidente da empresa pergunta se você pode fornecer uma informação a esse colega em um determinado projeto. Se o fizer, você dará ao outro a possibilidade de ser bem-sucedido e arruinará as próprias chances de progredir. Então, você finge ignorância: "Sinto muito, eu não tenho essa informação."

Ou, talvez, para ganhar a empatia das amigas, que são para você de um valor colossal, a moça conte apenas parte da história da briga que teve com o marido. Descreve em detalhes o que ele fez de errado e não diz nada sobre o que ela fez, que provocou a reação negativa dele.

Somos todos capazes de manipular informação para fins de proveito próprio, relatando aos outros dados incorretos para promover nossos interesses, suprimindo aqueles que podem bloquear nosso progresso. Quando queremos desesperadamente algo, somos tentados a mentir para ganhá-lo, se virmos uma oportunidade de sairmos impunes com isso.

Cada um de nós tem de decidir se renunciar a verdade, a fim de obter o que deseja, é o melhor rumo a ser seguido. Lance Armstrong, sete vezes campeão da corrida Volta à França, negou as acusações de *doping* por todos aqueles anos, e o público acreditou nele. Ele contestou as alegações em entrevistas cara a cara, em conversas ao telefone e por meio de todo canal de mídia social. Defendia-se dizendo: "Nunca um teste meu deu positivo e nunca fui pego em nada."[17] Por fim, um companheiro de corrida, Floyd Landis, confessou o uso de drogas dentro da equipe do Serviço Postal dos EUA, e o resto todo mundo sabe. Então, por que Lance mentiu? Ele queria ser o número um a qualquer preço e convenceu-se de que o fato de outros também se drogarem igualava as condições. Contudo, ele validou o provérbio russo: "Com a mentira você pode avançar no mundo, mas nunca consegue voltar atrás."[18]

Ao dizer que precisa pensar antes de falar, você deveria de fato dizer: "*O que* vou pensar antes de falar?" Alguns pensam: *Preciso mentir para conseguir o que eu quero*, e enviam a mensagem.

O EVASIVO

Um indivíduo faz algo que não era bom ou aceitável, como usar fundos discricionários da empresa para comprar um taco especial de golfe. Mas conclui que, se ninguém souber o que ele fez, será melhor para todos os envolvidos. "Por que macular minha reputação e deixar os outros bravos comigo, sendo que, se não souberem, não serão prejudicados? Sem prejuízo não há infração."

Nas ocasiões em que lhe perguntam sobre as despesas, ele é vago ou alega ignorância. É evasivo. Porém, há momentos em que ele quase tem um ataque cardíaco. Um colega de trabalho aproxima-se de sua sala e diz: "O CEO quer vê-lo." Imediatamente ele começa a suar frio. Como não foi honesto quanto ao mau uso daqueles fundos discricionários — que eram migalhas se comparado ao que a empresa faz — o homem tem um ataque de ansiedade. Sente que a fuga acabou. Foi pego. Sua boca seca. Conclui que o chefe tem a intenção de demiti-lo. *Mas, espere!, talvez eu possa dar uma desculpa. Talvez consiga evadir-me da verdade uma vez mais.* Rapidamente ele formula a fala: "Eu pretendia pagar a companhia pelo dinheiro que usei para comprar o taco, mas, sendo franco, esqueci-me de restituí-la."

Ao entrar no escritório do CEO, ele ouve: "Ei, obrigado. Tenho um breve comentário e um pedido. Bom trabalho no caso do Macintosh. Excelente! Por causa disso, quero que você apresente um relatório sobre o caso para a equipe da diretoria, na próxima terça, às 10 horas, aqui na minha sala."

Enquanto deixa o recinto, o homem sente um alívio sem medida. Porém, é aqui que a verdade sobre a mentira evasiva é vista. A consciência fala em alto e bom som: "As pessoas que andam na verdade não experimentam palpitações como essas."

Deus proveu a consciência para que sussurre: "Mude o rumo. Seja honesto. Endireite as coisas." A pessoa sincera percebe que não se trata apenas dela mesma. Em *O caçador de pipas*, Khaled Hosseini disse: "Quando conta uma mentira, você está roubando de alguém o direito à verdade."[19] Aquela empresa tem o direito de saber sobre a aplicação indevida dos fundos.

"Mas, Emerson, se os outros não são prejudicados por aquilo que não sabem, é melhor ser evasivo. Por que aborrecê-los e estragar minha reputação?" Porque isso é outra mentira racional, colocada erroneamente sob a bandeira de nobreza.

O ORGULHOSO

A esposa de um militar contou-me que um conhecido perguntou ao seu marido:

— Qual sua patente atual no exército?

— Coronel — ele respondeu.

O filho pequeno, ouvindo a conversa, falou:

— Não, não é, papai, você é capitão.

Um dos motivos mais comuns que faz as pessoas mentirem é para impressionar os outros. Se somos bem-sucedidos em deslumbrá-los, achamos que eles vão sair com uma boa impressão e nós nos sentimos bem conosco. Quer razão melhor para esquivar-se da verdade? Todos se sentirem bem! Então, enfeitemos nossas conquistas para melhorar nossa imagem.

Mas não precisa ser uma mentira explícita. Uma mulher relatou-me:

> Meu pai passou aqui um dia, e minha filha estava desobedecendo feito louca, descambara de vez. E ele me perguntou: "Então, vai colocar isso no Facebook?" Claro que não. Eu tenho de manter a imagem de que sou perfeita, tenho um trabalho incrível e uma filha fantástica. Eu não exponho a verdade desfavorável por aí. Isso não se encaixa na imagem que procuro projetar.

Refiro-me a isso como Falsobook.

Recentemente, li que a geração do milênio está mudando a cara das agências de viagem. Um artigo dizia:

> Se há uma coisa de que os *millennials* gostam mais do que viajar é de gabar-se dos lugares aos quais foram [...] Eles

vão para poder se gabar de terem sido os primeiros em seu círculo a irem [...] Mais de 50% dos *millennials* colocam nas mídias sociais fotos das férias para deixarem os amigos e familiares com inveja."[20]

Que modo de vida! Precisar colocar no Facebook uma *selfie* com o monte Quilimanjaro atrás de si para gabar-se... provocar ciúmes nos outros... sentir-se importante... gostar de si mesmo.

Entretanto, será que de fato você quer passar sua vida pelo Photoshop para despertar inveja? O dicionário define *Photoshop* como a imagem editada com o fim de distorcer a realidade, ao enganar deliberadamente o observador. Ao comunicar algo que sabe ser uma inverdade, contudo o favorece, você deve se perguntar: *Eu sou tão oco e inseguro que deixo minha arrogância me compelir a escrever uma história de ficção?*

O ÁGIL

Mark Twain disse: "Prefiro contar sete mentiras a dar uma explicação."[21] Porque, no fundo, a verdade pode ser dura e demandar tempo. A verdade desacelera as coisas. Ela é uma chatice. Mas a mentira nos tira do apuro. Uma mentira é conveniente. Mentir é propício ao momento. É um expediente. Por que não torcer a verdade quando tenho um cronograma apertado?

Digamos que, ao usar um site para arrecadar fundos, eu menti sobre um novo negócio para construir poços artesianos na África, sabendo que a maior parte do dinheiro iria para o meu bolso, pagando meu salário. Por que esclarecer as coisas sendo que só vão me fazer perder tempo e ganhar problemas? É mais fácil manter silêncio e prosseguir com a vida. Todavia, mesmo Twain rebateu seu conselho sobre mentira: "A glória construída sobre uma mentira logo se torna o estorvo mais desagradável. Quão fácil é fazer as pessoas acreditarem em uma mentira, e quão difícil é desfazer esse serviço!"[22]

O que de cara parece ser a coisa mais rápida a fazer, isto é, mentir, prova-se ser a mais custosa posteriormente. Pergunte a Lance Armstrong sobre o quanto lhe custou no decorrer da vida. Ele não conseguiria desfazer o que fizera. No início, mentir à imprensa parecia tão fácil e natural. Fico imaginando se ele pensou: *É tão fácil fazer as pessoas acreditarem em uma mentira*. Ele me enganou durante anos. Eu, assim como milhões, acreditava no seu testemunho.

A propósito, por que é mais fácil, e tão rápido, mentir para as pessoas? Frequentemente é mais difícil para o ouvinte detectar a mentira do que para o mentiroso dizê-la. O mentiroso tira proveito da confiança dos outros. Ele diz para si mesmo: *Eles estão presos ao seu código de conduta moral de ser uma pessoa confiável, mas eu não tenho código moral sobre ser confiável e verdadeiro. Eles têm de me dar o benefício da dúvida, uma vez que sou considerado inocente até que provem o contrário.* Mas será que você quer viver uma mentira, muito embora possa se mostrar tão expedita? Você quer manipular a confiança das pessoas?

O EMOCIONAL

As emoções são maravilhosas, mas nem sempre, não quando se sobrepõem aos fatos.

Em nossa página *Love and Respect* [Amor e Respeito] no Facebook, frequentemente escrevo sobre a necessidade de a mulher mostrar respeito pelo marido. Essa ideia controversa baseia-se em Efésios 5:33 e 1Pedro 3:1,2, onde as esposas aprendem a ordenança divina de assumirem uma conduta respeitosa. Por mais contraintuitivo que pareça para a esposa, isso, na verdade, influencia grandemente o marido, pois o motiva a ser amoroso.

Contudo, ao lerem uma postagem minha, as mulheres, novas em nossa página, inevitavelmente explodem na seção de comentários. Elas se agarram ao meu artigo como prova de que minha posição é sempre a de culpar a mulher. Por não conhecerem a página e as mensagens do *Love and Respect*, essas mulheres provavelmente não viram as postagens anteriores, nas quais desafio os homens a amarem incondicionalmente suas esposas, com base em Efésios 5:33 e Oseias 3:2. Em quase tudo que escrevo, uso uma abordagem de gangorra, para cima e para baixo, equilibrando as coisas. Considerando que elas talvez tivessem visto meus escritos mais antigos, os comentários dessas visitantes teriam sido diferentes. Em vez disso, julgam-me desequilibrado e injusto. Elas deixam que seus medos e sentimentos, provavelmente baseados em experiências negativas com homens, governem suas palavras e, portanto, fazem suposições erradas sobre minha postura editorial. Digo isso apenas para destacar uma perspectiva sentimental em oposição a uma perspectiva factual.

Fico triste pelas pessoas que deixam os sentimentos ditarem suas críticas mordazes, um hábito que provavelmente já deve ter virado rotina, pois, sem perceber, eles já sacam a arma antes de procurarem saber mais. Benjamin Franklin declarou: "A presunção primeiro cega o homem, depois o põe para correr."[23] A Bíblia oferece a mais sábia das percepções. Provérbios 18:13 afirma: "Quem responde antes de ouvir comete insensatez e passa vergonha."

O fato de uma mulher ler nossa página no Facebook e considerar que, de alguma forma, existe uma tendência contra elas, não faz de nós acusadores. Os sentimentos podem ser legítimos, mas são inconstantes. É por isso que, ao fazer asseverações sem fatos que as sustentam, você se depara com a possibilidade de parecer tolo e ficar envergonhado. Todo comunicador eficaz deve primeiro se perguntar: *Isso de fato é verdade?* Quando fundamenta sua fala com fatos, não apenas com sentimentos, você tempera e restringe seus comentários antes de enviá-los. Não estou dizendo que os sentimentos estão sempre errados, apenas digo que bons comunicadores confirmam seus sentimentos com os fatos. A presunção pode ser acurada, mas os sentimentos necessitam de validação prévia.

É preciso prestar atenção ao conselho do sargento Joe Friday, da série de TV, dos anos 1950, *Dragnet*. Embora nunca tenha realmente dito esta frase no programa, ele se tornou a figura lendária que declarava e exigia: "Só os fatos, madame".

O DESATENTO

Quando alguém acredita que fez uma declaração verdadeira, embora seja falsa, ele é um mentiroso? Não, mas ela continua sendo uma mentira. Algo não se torna verdade porque se crê nisso. Uma mentira é uma declaração inverídica, mesmo quando o comunicador acredita ser verdade.

Talvez, em muitos casos, nós não soubéssemos que era uma inverdade. Sem prejuízo não há infração. Mesmo assim, um erro honesto de julgamento não o justifica, especialmente quando cometido repetidas vezes. O foco aqui são os indivíduos preguiçosos e negligentes que continuam errando e alegando que não conhecem a verdade. Eles podem ser inocentes, mas se tornam culpados por descuido e desatenção. Devemos esclarecer os fatos para evitarmos o hábito de cometer erros "honestos".

A ignorância pode gerar consequências severas. Um médico pode, de modo honesto, fazer um diagnóstico errado que acabará custando muito dinheiro em remédios, ou mesmo a vida do paciente. Provérbios 14:12 declara: "Há caminho que parece certo ao homem, mas no final conduz à morte." Não importa que não haja intenção de enganar, a sinceridade não impede a morte. Não importa que não haja má vontade aquele que der informação errada precisará de perdão.

Nosso coração pode estar no lugar certo ao comunicarmos claramente o que sentimos ser verdade. Mas isso não faz com que a coisa se torne certa, do mesmo modo que atingir e matar um pedestre não deve ser ignorado por não ter havido dolo ou premeditação; uma pessoa ainda morreu. Ser desatento não é justificativa, mesmo quando não temos dolo.

Anos atrás, duas garotas se envolveram em um acidente de carro, uma morreu; a outra ficou em coma e irreconhecível. As autoridades confundiram as identidades, e os pais da garota em coma foram informados de que a filha havia morrido. A mãe e o pai lamentaram, com sofrimento indescritível, a perda da menina. Entretanto, após o funeral, descobriram que ela não estava morta, mas era, na verdade, a que estava em coma. Os outros pais tiveram de encarar a tragédia de que a filha, que pensavam estar viva, havia falecido. Muito embora as autoridades tenham sido amáveis e empáticas logo após o acidente, elas estavam erradas. Embora tenham transmitido o que julgavam ser a informação correta sobre a condição das duas garotas, era uma inverdade.[24]

Esses são exemplos de situações de vida ou morte. Em um nível mais brando, a boa notícia é que a maior parte dos comunicadores que estão errados conseguem seguir adiante ao corrigirem o erro. Dale Carnegie disse: "Há um certo grau de satisfação em ter a coragem de admitir seus erros. Isso não apenas alivia a atmosfera de culpa e uma atitude defensiva, mas frequentemente ajuda a resolver o problema criado pelo erro."[25] A maioria das pessoas se torna perdoadora ao observar que você aprendeu, de modo humilde, com seus erros.

O BAJULADOR

Normalmente, ser uma pessoa que comunica o que é verdade demanda tato e, às vezes, a sensação que dá é que se está evitando pisar em minas terrestres. É trabalhoso ser tanto verdadeiro quanto diplomático. Alguns dizem: "Eu *quero* ser sensível, mas a verdade demanda uma consideração sincera, e não estou interessado em desenvolver essa habilidade. Dizer aos outros o que querem ouvir, em vez de dizer-lhes o que precisam ouvir, é o caminho que eu escolho quando as pessoas buscam minhas palavras de afirmação."

Isso é fala macia e louvor dissimulado. É mentira esperta, não tato. É insinceridade. Coçar a orelha do outro. Em muitas organizações, alguns trabalhadores aprendem logo a dizer ao chefe o que ele quer ouvir. Ele se sente bem, e eles experimentam segurança no trabalho. Mas, esconder do chefe as más notícias que ele precisa ouvir, não as tornam boas. Elas não ficam melhores com o tempo e o silêncio, como me disse certa vez meu genro Matt Reed.

Em algumas ocasiões, ser verdadeiro, sensível e sincero é difícil. O que um marido deve dizer ao ser questionado pela esposa: "Este vestido vermelho me faz parecer gorda?" Um marido de bom coração anseia ser verdadeiro sem ferir, mas essa é uma corda bamba. A maioria dos homens sente-se totalmente encurralada por essa pergunta, porque eles aprenderam, talvez do jeito difícil, que não dizer nada ou dizer "não sei" significa "você parece gorda". Como alguém pode ser sincero e verdadeiro e ainda afirmar algo?

Suponha que ele, sincera e delicadamente, diga:

— Bem, eu gosto do vestido vermelho, mas aprecio mais o preto.

Ao que ela retruque:

— Então, você não gosta do vestido vermelho por que acha que eu fico gorda? Você acha que eu não sou atraente.

Ou o marido pode, sincera e delicadamente, dizer: "No vestido vermelho você fica menos interessante, mas eu a amo de qualquer jeito. Use o que lhe agradar, embora eu prefira o vestido preto. Mas, novamente, eu amo você com aquele que escolher usar."

Algumas mentiras apenas parecem sinceras e sensíveis. Dizer a uma pessoa o que ela quer ouvir pode parecer tato, mas não é se for uma mentira descarada. As pessoas se perguntam sobre os pais de um adulto sem talento que faz teste para um programa de televisão como o *The Voice*. Um dos pais deveria ter humildemente falado a verdade: "Filho, Deus lhe deu talento, mas não o de cantar."

Ao mesmo tempo, é insensível e de mau gosto deixar escapar, de modo sincero, uma verdade recebida como cruel e desumana. Dizemos que alguns médicos não sabem lidar com os doentes. Eles, enquanto leem na ficha do paciente, declaram, de modo bem prático: "Infelizmente, não há cura. É terminal. Você tem seis meses de vida. Alguma pergunta antes de eu sair?" Tal verdade sem tato é desumana, embora bastante sincera.

O consolo é que, quando você trabalha duro para ser sincero, honesto e compassivo, as pessoas, em sua maioria, vão receber o que você comunicou, mesmo que não saia de modo perfeito. Elas podem não gostar do que disse, mas confiarão em seu coração humilde e amoroso.

Aqueles que dizem que "a bajulação o levará a todos os lugares", não estão falando sério.

O AUTOILUDIDO

A maioria de nós já ouviu sobre um alcoólatra que se meteu em confusão com a justiça por dirigir embriagado, que foi confrontado inúmeras vezes sobre suas bebedeiras, perdeu vários empregos e frequentemente acordou no próprio vômito. Mas, pergunte a ele:"Você é um alcoólatra?", e ele vai, com sinceridade, negar que o seja. Ele tem suprimido a verdade sobre a quantidade de bebida alcoólica que consome semana após semana (Romanos 1:18). Essa pessoa convenceu-se de que não tem um problema; "consigo parar a qualquer momento", ela diz para si mesma.

Fiódor Dostoiévski, em *Os irmãos Karamázov*, nos desafia neste assunto:"Acima de tudo, não minta para si mesmo. O homem que mente para si e ouve a própria mentira chega ao ponto de não conseguir distinguir a verdade dentro dele, ou ao seu redor, e assim perde todo respeito por si mesmo e pelos outros. E, não tendo respeito, ele cessa de amar."[26]

Quantos de nós mentimos para nós mesmos? Recentemente, conversei com uma pessoa que finalmente reconhecera duas grandes falhas em seu próprio caráter. Ao considerar por que lhe custaram vinte anos para enxergar isso, ela disse: "Não via essas coisas como erradas, porque eu me convenci de que não tinha problema. Eu menti para mim." É claro, essas duas mentiras quase destruíram sua família. Podemos acalentar-nos com a ideia de que não fizemos nada de errado. Somos como a adúltera de Provérbios 3:20, que insiste: "Não fiz nada de errado", ou como o filho que declara:"Não é errado" (Provérbios 28:24). Autoilusão é real.

De que modo isso se relaciona com pensar antes de enviar uma mensagem ou falar alguma coisa? Talvez a explicação mais profunda sobre a razão de você, assim como nós todos, mentir para os outros em sua comunicação seja a de que primeiro mentiu para si mesmo. Você cria *mentiras racionais* e, a partir delas, *racionaliza* que aquilo que comunicou para os outros está justificado. É por isso que William Shakespeare registrou: "Isto acima de tudo: a ti mesmo sê verdadeiro, ao que deve seguir, como a noite, ao dia, que não podes, então, ser falso com homem nenhum."[27]

O CAMALEÃO

Lauren Zander, no artigo "*The Truth About People-Pleasers*" [A verdade sobre demagogos], escreveu: "Você é um camaleão social em estágio avançado — consegue ver do ponto de vista de qualquer um, entra no jogo da conversa, das atitudes e da disposição geral de quem quer que esteja com você, em lugar de posicionar seu verdadeiro ponto de vista. Você não sabe o que de fato pensa, e nem eles."[28]

O demagogo está sempre pronto para deixar as pessoas felizes e, como um verdadeiro camaleão, aparenta ser sincero ao dizer o que elas querem ouvir, mas a intenção é se encaixar, às custas da verdade. Isso não é se acomodar em áreas nebulosas, mas comprometer questões bem definidas. Por exemplo, você é um conservador com conservadores na segunda à noite (ou seja, pró-vida) e um liberal com liberais na terça à noite (ou seja, pró-escolha). No anseio de fazer todos gostarem de você, todo mundo, por fim, o vê como alguém com falta de convicções essenciais, sem mencionar integridade.

O camaleão muda de cor para se misturar. Ele racionaliza como qualquer demagogo o faz: "Não gosto de tensão e conflito." Mas a tática é enganar. Uma esposa pode dizer uma mentira, não para acobertar coisas ruins, mas para manter a paz na unidade familiar: "Se contar ao meu marido que comprei roupas novas para as crianças, ele vai explodir. É mais fácil enganá-lo em nome da tranquilidade." Ela muda de cor para se encaixar na imagem esperada pelo marido, muito embora saiba que os fatos sobre o que ela fez não estão de acordo.

K. W. Stout, em "*Confessions of a Former People Pleaser (and Why You Should Stop Being One)*" [Confissões de um ex-demagogo (e por que você deveria parar de ser um)], escreveu:

> Honestidade torna a vida muito melhor. É difícil apenas no começo, porque você está tão confortável contando pequenas mentirinhas e fingindo [...] Quanto mais brutalmente honesto tenho me tornado, melhor minha vida tem sido [...] Ser honesto com suas palavras e ações torna a vida muito mais fácil![29]

Antes de enviar algo, pergunte-se: *Será que sou um demagogo que — infelizmente — está prestes a mudar de cor para enganar os outros?*

O ENGANADO

Como um passarinho seguindo migalhas de pão, alguns são seduzidos e prometem guardar a mentira de outros. Por vezes, outras pessoas nos contam suas transgressões; então trazem o foco para nós. "Você não deve contar para ninguém o que acabei de lhe contar sobre o que eu fiz de errado e como escondi." Se jurarmos manter segredo sobre a mentira alheia, isso nos coloca em uma posição de reter de outros a verdade que tinham direito de saber. Estamos facilitando uma mentira.

Não apenas somos cúmplices, nós estamos enganados. Sentimo-nos amarrados a uma promessa, como se fosse algum sacrilégio nos recusarmos a permanecer em silêncio sobre aquelas transgressões. Quão triste é que nossa integridade em manter uma promessa (na qual os outros acreditam) nos leve a prometer guardar segredo sobre a falta de integridade de outras pessoas! Que irônico! Elas usam nossa virtude para acobertar seus vícios. Esperam que nós sejamos verdadeiros, mantendo nossa palavra, enquanto elas são falsas não mantendo a delas. Isso é um controle inescrupuloso. Acabamos sendo desleais contra a verdade. Precisamos resistir a ficarmos sujeitos a esse tipo de coerção. As pessoas não têm o direito de nos fazer jurar segredo quanto às suas enganações. Por essa razão, devemos nos precaver para não sucumbirmos à sua habilidade de nos fazer sentir culpados, como se fôssemos traidores, ao recusarmos manter suas mentiras em segredo. Elas podem rapidamente nos culpar de sermos os maus na história toda!

Como clérigo, se um membro de minha igreja confessasse para mim, por exemplo:

— Estou cometendo adultério com minha secretária, mas não quero que você conte para minha esposa quando eu e ela nos encontrarmos com você para falarmos de nosso casamento.

Eu responderia:

— Não, não vou concordar com esses termos. Eu estaria participando de seu fingimento, e não tenho liberdade em meu coração para fazê-lo. Não vou me sentar para conversar demoradamente com sua esposa ocultando dela o que lhe é de direito saber. Ficaria me sentindo um mentiroso. Em vez disso, espero que você conte a ela.

Se a pessoa parecesse ofendida e tentasse me fazer sentir culpado, eu replicaria:

— Veja bem, o problema é o seu adultério e sua enganação. Não sou a causa do seu problema, mas estou aqui para ajudar você a solucioná-lo. Eu me importo com você, seu casamento e sua família. Não posso, conscientemente, iludir sua esposa.

Assim, cada um de nós deve caminhar sabiamente e evitar guardar segredo de uma mentira que alguém intencione continuar contando. Quer seja por mídia social, quer por outros meios, não devemos nos juntar e encobrir malandragens. Uma narrativa falsa é uma narrativa falsa, e o fato de você não ter sido o criador da mentira, mas apenas estar repetindo o que afirmaram, não significa que tem carta branca aos olhos dos outros.

O PROTETOR

Na Bíblia lemos que a prostituta Raabe escondeu do rei os espias e recebeu honra e louvor de Deus (Josué 2; Hebreus 11:31). Há alguma virtude em proteger as pessoas daqueles que intencionam causar-lhes mal. Entretanto, a mentira protetora é raramente uma coisa nobre, mesmo quando parece ser a coisa certa a se fazer.

Lisa conta mentiras para proteger uma parceira de trabalho. "Kelli está doente hoje. Conversei com ela. Sábado vou levá-la ao médico." Mas Kelli está com o namorado, resolvendo uma briga feia que tiveram na noite anterior, então ela pediu à colega para dar-lhe cobertura. Lisa segue acobertando-a, porque decide que mentir é a melhor maneira de proceder, visto que ajuda Kelli no relacionamento e no trabalho. De modo estranho, Lisa sente-se responsável por dar cobertura à amiga, em vez de traçar um plano para permitir-lhe tirar um dia de folga ou resolver o conflito após o trabalho, como fazem os outros casais.

Qual é o grande problema? Gestão consiste de seres humanos. Kelli e Lisa estão mentindo para outros seres humanos. Além disso, se Lisa se tornasse gerente e Kelli mentisse para ela dizendo que Bárbara estava doente, Lisa não acharia que Kelli está sendo responsável por proteger a colega. Ela diria: "Olhe, consiga alguém para cobrir a Bárbara, mas acoberte a Bárbara." Voltemos à Regra de Ouro da comunicação verdadeira.

Por que esse tipo de coisa acontece no local de trabalho (e mesmo entre membros da família) com mais frequência do que imaginamos? Há uma leve mudança de "estou cobrindo para você, como amigo" para "vou acobertar você, como amigo". Há uma diferença! Então, claro, torna-se uma situação de retribuição. "Você está me devendo." Por fim, o outro também acobertou e eles agora formaram uma aliança. Estranhamente, ambos sentem-se ligados por obrigação, como amigos responsáveis por mentirem um a favor do outro.

Você já contou uma história falsa para que outra pessoa (ou empresa, ou grupo político ou qualquer um) não se metesse em encrenca? E o favor foi retribuído? Raramente esse tipo de coisa funciona. Quando vieram as demissões, Lisa e Kelli foram as primeiras a ir para o olho da rua. Espalhou-se a notícia de que elas não eram confiáveis.

E aqui está algo mais a ser pensado. Como você sabe que a pessoa ou o grupo para o qual mentiu nunca mentirá para você? Eu sempre acho fascinante, por analogia, que alguém que teve um caso e deixou o cônjuge, fique chocado quando a pessoa com quem ele traíra tem um caso pelas suas costas. Eu fico com vontade de perguntar: "O que você esperava? Se com você a traição não era errada, por que contra você deveria ser?" O mesmo é verdade em empresas nas quais os funcionários recebem honra de gerente por acobertar declarações falsas sobre produtos e serviços. Será que esses trabalhadores deveriam surpreender-se depois, quando o gerente defraudá-los nos salários e benefícios?

Conclusão, as melhores amizades e alianças são construídas sobre o que é verdadeiro. As pessoas que decidem contar a verdade quase sempre encontram um meio legal e moral para protegerem os interesses alheios. Como Lisa, que poderia dizer à Kelli: "Pode tirar um dia de folga, eu cubro para você trabalhando até mais tarde hoje à noite. O chefe aprovou isso." Pode ser inconveniente e custoso, mas é um plano de ação honesto. Acobertar alguém pode dar a impressão de que se quer proteger a agenda do outro mas, no final das contas, é só uma mentira, e mentir não é a melhor política.

O CRÔNICO

Como todos os pais aprendem: as crianças são seres morais e espirituais que sabem distinguir a verdade da mentira. Os bebês enganam os pais com choros falsos; os pequenos, começando a andar, aprendem a mentir quebrando regras estabelecidas e fingindo ignorância; e os de cinco anos, dentro da média, tornam-se bem habilidosos em, com sucesso, mentir para os outros.

Isso soa severo demais? Eu calculo que a maioria de nós se lembra de, em alguma ocasião, cedo na vida, ter tomado uma decisão de mentir ou não mentir como modo de lidar com um problema. Minha observação é que os mentirosos crônicos começam a mentir na pré-escola. Os não crônicos decidem, no mesmo período, parar com a tendência de mentir.

Infelizmente, Joe nunca tomou essa decisão quando era jovem. Hoje, ele tem uma aljava cheia de mentiras. Manda um torpedo para um membro da família dizendo que está atrasado por causa do trânsito e porque o vizinho apareceu para perguntar sua opinião sobre um problema elétrico, o que também o segurou. Nada disso é verdade, mas as mentiras alimentam o estilo de vida de Joe. No trabalho, quando escreve um e-mail sobre algum assunto, para acabar com o problema, não hesita em sacar uma mentira da sua aljava: "Olá, eu não vi esse e-mail sobre o caso do Clifford. Vou precisar encontrá-lo para, então, falar com você. Sinto muito, precisarei de mais um dia para isso." Claro, isso é uma mentira. Ele viu o e-mail. Quando o chefe deixa um recado na secretária eletrônica falando sobre trabalhar no sábado de manhã, ele diz ao superior que nunca recebeu tal ligação. Acha que uma das crianças deve ter deletado, sem querer, todas as mensagens de voz do telefone de casa. Joe sempre pensa em um modo de mentir, uma vez que, para ele, as outras coisas que está fazendo são mais importantes. Isso está arraigado desde a infância. É uma reação padrão. Parece uma segunda natureza.

Alguns defendem que um mentiroso crônico como Joe nunca vai mudar. Entretanto, eu sou mais esperançoso quanto a uma pessoa assim. Como acontece com qualquer comportamento vicioso, essa pessoa pode dominar a mentira. Certamente, a Bíblia nos dá tal esperança. Pedro escreveu: "Portanto, livrem-se de todo [...] engano" (1Pedro 2:1). Isso é possível e esperado. O incentivo para Joe mudar sua mentira crônica é ver que ele dificilmente será bem-sucedido na vida, já que aqueles que o promovem e o recompensam dizem pelas suas costas: "Joe de fato não é verdadeiro nem confiável."

O IMITADOR

Dizemos aos filhos: "Só porque os outros estão usando drogas não significa que vocês podem usar. Só porque os outros dirigem de modo imprudente não significa que vocês também podem. Nesta família não somos imitadores. Não seguimos a multidão." O fato de todos mentirem, uma hora ou outra, na infância ou na fase adulta, não torna isso um princípio universal e, portanto, algo justificável a fazer. Não devemos proclamar tal coisa como uma inevitável lei da natureza (embora seja apropriado reconhecê-la como parte da natureza humana pecaminosa).

Quando família e amigos mentem, precisamos resistir à ideia de que não temos outra escolha a não ser seguir com eles. Temos uma escolha, ainda que difícil. Um artigo relatou: "Nossos resultados indicam que as tendências que uma pessoa tem de mentir podem ser previstas a partir das tendências que seus amigos e membros familiares têm de mentir."[30] Nossas companhias podem nos influenciar a mentir, a menos que adotemos medidas para resistir a essa influência. Precisamos dizer não para a mentira; de outra forma, família e amigos nos afundarão. Por isso, a Bíblia alerta: "As más companhias corrompem os bons costumes" (1Coríntios 15:33).

Quando um irmão adulto tuíta uma mentira sobre um suposto tratamento horrível em um comércio local, você será uma marionete nas cordas e repetirá o tuíte, sem motivo algum, simplesmente por que ele é seu irmão? Deixará que ele corrompa sua moral? Ou quando seu companheiro de trabalho mente para um consumidor, você lhe dará apoio e sustentará a mentira para não ser excluído do grupinho que almoça junto todos os dias no trabalho? Os imitadores acreditam que têm pouco a dizer, mas não é assim. Cada um de nós pode ser alguém que fala a verdade, que se mantém firme e permanece fiel às suas convicções e sua consciência. Você não precisa jogar fora sua bússola moral, mesmo que nunca mais seja convidado para o almoço.

A menos que homens perversos sequestrem a vovó e mantenham-na refém até que você minta, roube e trapaceie para conseguir o dinheiro do resgate, todos seus momentos estão sob controle e refletem suas convicções. Não é preciso dizer: "Eu não quero mentir, mas as pessoas à minha volta mentem, então eu preciso jogar de acordo com o esquema." Você não é indefeso e irremediável. Imitar é uma decisão que se toma. Você não é uma marionete. É um ser espiritual criado à imagem de Deus, portanto pode controlar sua própria moralidade.

O PERPETUADOR

Uma pessoa escreveu-me, explicando: "Certa vez, enquanto meus guardiões legais disputavam minha custódia, eu disse que um deles não me alimentava. Eu tinha uns quatro anos, mas percebi que era errado. Realmente, não tinha intenção de que isso fosse tão longe." De fato, uma mentira pode rapidamente tomar grandes proporções, e nós temos de alcançá-la para, então, nos adiantarmos em relação a ela. Essa atitude pode começar na pré-escola.

Outro indivíduo, em um site, exemplificou como mentir perpetuamente:

> Equilibrar relacionamento, ao mesmo tempo, com três garotas diferentes que não se conhecem. Ter de inventar desculpas sobre por que não vai poder passar tempo com uma delas, quando você já tinha planejado passar com a outra. Tentar lembra-se de qual desculpa deu para qual garota, e então tentar inventar histórias sobre o que aconteceu naquele evento falso é trabalho duro.[31]

Pessoas que têm uma vida carnal e egoísta provam quão estúpido e desamoroso é mentir.

Uma mentira alimenta outra, como uma cadeia alimentar. A mentira menor se torna comida para uma mentira um pouco maior que, por sua vez, alimenta uma mentira ainda maior. Você entendeu a figura? Uma bola de neve de mentiras. Mentem sobre a mentira, e então mentem sobre a mentira da mentira. É expansivo e sem fim! As mentiras podem crescer exponencialmente, como um câncer espalhando-se sem cura. A pessoa vive cada dia tendo de estar pronta para mentir sobre o volume de mentiras. Verdadeiramente, é uma teia de mentiras. Alcançar as mentiras é uma tarefa exigente e esgotante. Muitos, por fim, disseram: "Estou cheio de mentir. Não vale a pena. Estou exausto." Os que estão perpetuando mentiras precisam parar. Não podem esperar até a morte, quando outros lerão em sua lápide: "Finalmente, ele não mente mais sobre onde está!"

No último capítulo abordarei o papel da confissão. Alguns precisam livrar-se desse enorme peso nas costas. Não é possível correr mais rápido que uma avalanche; ela o alcançará. Quando você for pego em todas as mentiras e forçado a confessar, quem acreditará em sua autenticidade? Mas, ao tomar a iniciativa por conta própria, você transmite a mensagem de sinceridade e arrependimento. A maioria das pessoas perdoa aqueles que desejam parar de perpetuar falsidades. E, quando você estiver limpo de culpa, sentir-se-á liberto!

O ENVERGONHADO

As mentiras estão quase sempre relacionadas com o que fizemos de errado relacionado à ética, seja legal ou moralmente. Mentimos para acobertar nossos delitos passados. Mentiremos para acobertar nossos delitos futuros. Mentimos sobre nossos delitos presentes. A maioria de nós, quando viola o que é legal ou moral, fica com vergonha. Neste ponto, ficamos em uma encruzilhada. Confessar ou ocultar?

Há alguns anos, Sarah, minha esposa, foi parada por excesso de velocidade. Quando o policial aproximou-se do carro, ela exclamou:

— Sou culpada! Eu mereço uma multa. Por favor, me dê a multa. Acho que estava indo uns cinquenta acima do permitido.

Aturdido, o policial disse:

— Moça, em todos esses anos de policial nunca me disseram: "Me dê uma multa!" Senhora, pode seguir seu caminho. Tenha um bom dia.

Sarah então argumentou que merecia honestamente uma multa e que não tinha medo da verdade ou do custo, por mais problemáticos que pudessem ser. Por que ela respondeu dessa maneira? Ela não mente quando está envergonhada de seus delitos. Em face da vergonha, ela conta a verdade para se consertar. Bem simples.

"Mas, Emerson, e se contar a verdade me custar demais, muito mais que uma multa por excesso de velocidade?" Contar a verdade pode custar-lhe tudo. Como para um estelionatário que confessa o crime e vai preso. Ou um marido que confessa seu adultério e a esposa divorcia-se dele e leva as crianças para outro estado. Entretanto, não é a verdade que está custando-lhe tudo; é seu delito. A verdade não é o inimigo.

Gostaria de poder dizer algo mais ameno para os que cometeram crimes graves, mas não posso. Eu posso dizer que aqueles que creem em Cristo e confessam tudo experimentam a paz dele, uma consciência limpa, meditações na Escritura, cheias de significado, energia renovada na oração, alegria no culto da igreja e um ministério frutífero entre pecadores. Nenhuma dessas coisas ocorria antes, devido ao pecado oculto e à vergonha. Muitos me disseram: "É uma troca, mas vale muito a pena." Tenho observado maridos confessarem adultério e ficarem mais felizes naquele momento do que há meses não eram, muito embora seu mundo estivesse ruindo. Sair de baixo da vergonha é muito gratificante.

Por acaso você mente em um e-mail, em uma reunião, ao telefone, em um relatório, sobre um produto ou um serviço? Seja qual for a situação em que você tenha mentido, não conseguirá remover a vergonha mentindo sobre a mentira. Isso nunca, nunca funciona. Apenas a verdade remove a vergonha. Sim, a verdade revela a culpa, mas a confissão honesta remove a vergonha. Quando você é honesto sobre sua desonestidade, a vergonha é suspensa. Está agora fazendo o que é certo e bom.

O JURADOR

Estamos cercados de pessoas que exclamam: "Estou sendo honesto diante de Deus. É a verdade, juro por Deus." Na prática, essas pessoas tomam o nome do Senhor em vão. Não estão sendo honestas diante de Deus. Estão sendo desonestas para com Deus e os outros. Estão mentindo sob o próprio juramento, intentando manipular os outros a fim de que acreditem que a mentira não é uma mentira. Tais pessoas têm falta de confiança na veracidade das próprias palavras (porque não estão dizendo a verdade), por isso usam Deus como a carta trunfo para vencer o outro indivíduo. Elas querem que o outro conclua: "Qualquer um que jure por Deus deve ser honesto diante de Deus, e deve ser honesto comigo. Vou comprar o que ele está vendendo."

Será que os mentirosos fazem promessas e juram por Deus? Talvez mais do que a maioria! "Um mentiroso, escreveu Pierre Corneille, "é sempre pródigo de juramentos."[32] E, como disse Vittorio Alfierri: "Mentirosos estão sempre mais dispostos a jurar."[33] Jesus disse: "Não jurem [...] pelos céus, porque é o trono de Deus" (Mateus 5:34). E continuou: "Seja o seu 'sim', 'sim', e o seu 'não', 'não'; o que passar disso vem do Maligno" (v. 37).

Antes de enviar algo, pense: *Eu estou a ponto de jurar por Deus sobre algo que sei não ser verdade? É isso que eu devia fazer? Será que Jesus me diria: "O que você está prestes a comunicar é errado. Embora seja muito fácil você jurar, trazendo Deus para a conversa, isso é, de fato, mau aos meus olhos"*?

O GÊNIO

Ainda que hoje consigamos nos virar com uma mentira, no mês seguinte precisaremos relembrar como eram as mentiras e as verdades que falamos. É um trabalho difícil e demorado. "O que foi que eu disse em setembro sobre por que não conseguiria terminar o relatório até 15 de janeiro? Onde está aquele bendito e-mail para me lembrar do que eu disse?!" Para mentir de modo efetivo, devemos lembrar-nos de ambas narrativas.

Cada um de nós deve pesar sua inteligência. Temos uma memória fotográfica para conseguirmos nos lembrar de todas as mentiras e todas as verdades? Ou nos falta esse tipo de genialidade e sabemos que vamos acabar nos esquecendo do que falamos? Pode não ser o mais nobre dos motivos, mas alguns dizem: "Eu me recuso a mentir porque não sou muito esperto."

Por outro lado, alguns, estupidamente, se entregam a mentir porque observam os políticos e líderes de negócios mentindo e saindo impunes. "Se eles podem, eu posso." Contudo, eles são muito espertos, acreditam que conseguem se safar e decidiram que os fins justificam os enganosos meios. Eles não se sentem desconfortáveis por não serem como o "honesto Abe Lincoln". É claro que eu, por acaso, acredito que ninguém jamais sai impune com uma mentira. É apenas uma questão de tempo, na terra ou no céu. Lemos em 1Timóteo 5:24: "Os pecados de alguns são evidentes, mesmo antes de serem submetidos a julgamento, ao passo que os pecados de outros se manifestam posteriormente."

Por isso, você precisa decidir que profissão quer seguir e que tipo de pessoa se tornará nessa área. Muitos concordariam com Ralph Waldo Emerson: "Caráter é mais elevado do que intelecto."[34]

Quer seja ou não um gênio, você é sábio o bastante para não mentir. No final, não vale a pena, e os espertos percebem isso!

O ARTÍFICE DE PALAVRAS

Um pastor que conheço deixou seu primeiro pastorado após um ano de função, mas depois passou mais de quarenta anos na igreja seguinte. Quando lhe perguntei sobre as durações de serviço extremamente discrepantes, ele disse que foi em razão da ilustração do sapo-boi.

> Sapos-bois em uma lagoa têm a capacidade de ecoar, o que dá a impressão de que dezenas deles residem ali, quando, na verdade, pode ser que haja apenas um ou dois. No meu primeiro pastorado, alguém me disse: "Todo mundo está dizendo que não gosta de você como pastor". Naquele tempo, eu não sabia que ele era um sapo-boi. Esse indivíduo me deu a impressão de que a maioria da congregação não gostava de mim. Eu deixei a igreja. Os comentários daquela pessoa deram-lhe poder e funcionaram.
> Na segunda igreja, uma pessoa me contou a história do sapo-boi. Então, quando surgiam reclamações, eu perguntava: "Quem se sente assim?" E a pessoa não dava nome de ninguém, então eu decidia desacreditá-la. Eu não queria desconsiderar suas preocupações, mas me recusava a tomar uma decisão grande baseada em coaxados individuais. Quando afirmava "todo mundo", ela estava fazendo um comentário enganoso. Talvez "todo mundo" de sua panelinha se sentisse igual, mas não "todo mundo" da igreja.

Uma vez ouvi um relato sobre uma batalha no Vietnã. Os militares americanos disseram à imprensa que as baixas do confronto foram leves. O que eles queriam dizer era que todos os soldados pesavam menos de 80 quilos. Talvez esse exemplo de manipular as palavras seja um pouco mais extremo do que aquele do qual é culpado, mas será que você não torce as palavras de maneiras ambíguas no nível mais alto e de modo intencionalmente enganoso no nível mais baixo?

Você já disse alguma das frases seguintes? Se sim, qual seria sua resposta se lhe tivessem feito a pergunta da sequência?

> "Todo mundo se sente assim." (Quem?)
> "A experiência provou…" (Experiência de quem?)
> "Há um número crescente de evidências…" (Você poderia mostrá-las, por favor?)
> "Isso foi premiado." (Quem deu o prêmio e por quê?)
> "Nosso produto é considerado o melhor." (Com base em quais testes e critérios?)
> "Um estudo revela…" (Quem fez o estudo? Houve estudos contrários?)[35]

A intenção por trás do uso das palavras nem sempre é má. As pessoas podem ter compaixão e boa vontade. Não seria amenizar um pouco quando, em lugar de dizer que a empresa "demitiu", diz-se que ela teve "redução" de pessoal? Não é preferível quando o governo usa o termo "pessoas à procura de trabalho", em vez de "desempregados"? E a polícia não usa o termo "persuasão física", em lugar de "violência"? Nenhuma dessas expressões é inerentemente má, mas servem para lembrar que não é permitido cruzar a linha de declarações mentirosas. Ser criterioso é uma coisa, ser enganoso é outra.

O ENGRAÇADINHO

"No geral, mentir é empolgante", escreveu Isabel Fonseca. "Os floreios servem para dar prazer. As pessoas anseiam contar-lhe algo que, imaginam, você vai querer ouvir. Elas querem entretê-lo; querem se divertir; querem mostrar-lhe o lado bom da vida. Vai além de hospitalidade. Isto é arte."[36] Pense sobre isso. Por que algumas pessoas exageram? Elas querem entreter. Em muitos contextos sociais, os contadores de histórias que floreiam o episódio engraçado caem nas graças das pessoas.

Entretanto, nem todos são capazes de entreter. Há os que encontram prazer em enganar os outros. Por mais difícil que seja dizer, algumas pessoas entram na política porque almejam abordar os assuntos esperando pegar o adversário em uma falta, em tom de brincadeira, suprindo assim uma realização pessoal. Não se trata do que é verdade, mas do jogo político de xadrez. A chave é lançar sobre uma determinada questão uma frase de efeito melhor do que a do outro candidato e colocar a oposição em xeque-mate. Levei um tempo para perceber isso, porque eu ficava exausto só de pensar em estar nessa refrega dia após dia. Então, uma hora me veio: "Eles gostam deste jogo polêmico. Isso os diverte mais do que eu imagino. É uma competição que os revigora."

Paralelamente, no ambiente em que estão, eles não sofrem a imputabilidade pelas calúnias e mentiras. Os tribunais dão um desconto na política. Eles podem pinçar uma declaração que o oponente disse de passagem e transmiti-la removendo o comentário que a seguia: "Tendo dito isso, deixe-me explicar por que não é verdade." Representar de modo correto não é a regra do jogo. Ganhar é a regra do jogo. Assim, após uma entrevista de TV, eles comemoram com os colegas de partido quando a frase de efeito de comentários enganosos se mostra persuasiva.

Estou equivocado? Por que frequentemente ouvimos a frase: "Você pode enganar algumas pessoas o tempo todo e, todas as pessoas por algum tempo, mas não consegue enganar todas as pessoas o tempo todo." Quem cita esse comentário sabe que há alguns indivíduos envolvidos em tentar iludir as massas, embora, por fim, eles não tenham êxito. Estranhamente, alguns poucos fazem isso pelo desafio ou simplesmente por diversão. Eles revelam uma esquisita sensação de prazer de tentar enganar um grande número de pessoas de modo regular. Uma expressão atualmente usada é *"fake news"* [notícias falsas]. Há inúmeros motivos pelos quais as pessoas criam notícias falsas, mas algumas o fazem por uma única razão: é um jogo para ver se conseguem sair disso impunes.

Antes de enviar uma mensagem, você precisa se perguntar: *Isso se trata de um divertimento para eu provar se consigo sair impune?*

POR QUE COMUNICAR A VERDADE?

Sua confiabilidade está apoiada em sua veracidade. Quando Theodore Roosevelt era um criador de gado, ele e um novo vaqueiro cavalgavam ao longo de um pedaço de sua terra, quando encontraram um animal jovem, sem marca, de um rancho vizinho, que se separara do bando e vagueara para dentro das terras de Teddy. Ele instruiu o vaqueiro a marcar o bicho com o ferrete do vizinho, como de costume. Roosevelt recontou:

> Então, o homem respondeu:
> — Tudo certo, chefe; sei o que devo fazer.
> — Espere um minuto — disse eu —, você está colocando a minha marca.
> — Eu sempre coloco a marca do chefe — respondeu ele.
> Então, eu disse:

— Oh! tudo bem; volte e tire uma folga.

— Por que isso? — questionou o homem.

— Meu amigo, se você vai roubar para mim, você vai roubar de mim.[37]

Roosevelt aprendera sobre uma triste, porém verdadeira, realidade. Alguém que rouba para você é um ladrão, e ladrões vão roubar de você quando tiverem ocasião. O mesmo é verdade sobre a pessoa que mente. Quem mente por você, mentirá para você.

Você mente no emprego? Tão logo as pessoas em seu local de trabalho suspeitarem que você está sendo desonesto, começará o cochicho pelas suas costas. Quando você compromete a verdade, sua credibilidade afunda rapidamente. As pessoas não suportam mentirosos. Na verdade, elas temem que o mentiroso possa mentir sobre elas ou mentir para elas. A mentira é obscura. O próprio Satanás é chamado de mentiroso.

Ao ser visto como alguém que mente, será que acreditarão em você quando contar a verdade? Pouco provável. Se você quer ser confiável, precisa ser verdadeiro. Como disse Michael Josephson: "Honestidade nem sempre tem sua recompensa, mas desonestidade sempre tem seu custo."[38]

A verdade ajuda as pessoas, por isso você deve ter a coragem de dizê-la. Por eu ter pastoreado em uma cidade universitária, muitos jovens casais me pediram para fazer seu casamento. Antes de eu aceitar, eles precisavam participar, na nossa igreja, do curso pré-matrimonial de seis semanas, o qual incluía alguns testes. A liderança da igreja tornara isso obrigatório, deixando claro que, caso aparecesse qualquer sinal de alerta, a igreja se reservava o direito de negar-se ao cumprimento da cerimônia em nosso recinto. Os casais sabiam disso de antemão. De vez em quando, tínhamos de dizer não. Nunca era fácil. A noiva e o noivo ficavam magoados. Entretanto, lembro-me de um casal de pais nos agradecendo à profusão por havermos nos recusado a fazer o casamento, já que eles viam os sinais de alerta por todos os lados, mas sentiam que não podiam fazer nada. Esses pais ficaram eternamente gratos por nos importarmos o suficiente a ponto de confrontarmos o casal.

Dizer a verdade, baseados em nossas ferramentas de avaliação pré-nupcial, não trazia alegria, mas sabíamos que era a coisa certa a fazer. Nossos motivos eram puros e nosso conselho, isento. Desejávamos ajudar aqueles casais a serem bem-sucedidos no casamento. Sabíamos que o melhor profeta sobre o comportamento futuro era o comportamento passado e, como esses casais tinham sérias questões comportamentais do passado, não havia razão para crer que algo seria diferente, a menos que eles mudassem primeiro. Nós tivemos de, humildemente, mas com franqueza, dizer-lhes a verdade. Isso exigia coragem.

Ainda que muitos casais tenham ficado insatisfeitos com nossas avaliações, houve outros que, ao serem aconselhados a postergar o casamento até que os problemas do passado fossem tratados, responderam de modo humilde: "Por favor, digam o que precisamos fazer." Tendo passado mais de três décadas, alguns desses, que depois se casaram, estão entre nossos melhores amigos. A verdade ajudou-os imensuravelmente.

Você e eu não devemos deixar que o medo nos impeça de dizer a verdade. Platão disse: "Devo supor que seu silêncio dá consentimento."[39] Um ponto extremamente importante deste livro é o seguinte: se o que você pensa é verdadeiro, bom, necessário e claro, precisa ter a coragem de enviar a mensagem. Não é caso de refrear-se de falar; é caso de falar. Por favor, ouça-me. Envie!

Deus nunca mente, e ele o chama a imitá-lo. Muitos estão conscientes de certos versículos bíblicos, como: "Deus não é homem para que minta" (Números 23:19); "é impossível que Deus minta" (Hebreus 6:18); "Deus que não mente" (Tito 1:2). Então, ao ler Efésios 5:1: "Portanto, sejam imitadores de Deus, como filhos amados", a maioria reage dizendo: "Bem, eu não consigo ser perfeito. Não consigo ser como Deus e nunca, jamais mentir."

Mas, se isso é assim, então por que Deus chama você e a mim também, a "abandonar a mentira e falar a verdade" (Efésios 4:25)? Ele não favorece os que amam e praticam a mentira (Apocalipse 22:15). Por amá-lo, Deus não vai ignorar sua mentira. Jesus revelou: "Mas eu lhes digo que, no dia do juízo, os homens haverão de dar conta de toda palavra inútil que tiverem falado" (Mateus 12:36). Romanos 14:12 afirma: "Cada um de nós prestará contas de si mesmo a Deus". Será que essa é uma tática de medo projetada por escritores bíblicos e mesmo por Jesus, a fim de assustar as pessoas para que entrem em conformidade? Deveria ser rejeitada essa noção de julgamento, uma vez que alguns inventam uma caricatura de Deus como um matador cósmico de alegria, pronto para lançar-se sobre as pessoas por causa de suas lorotas? Cada um de nós deve decidir em que acredita. De minha parte, eu levo a sério o que Jesus disse. Eu preferiria não crer nisso, mas eu devo. Escolho acreditar em Cristo tanto no que diz respeito às suas promessas quanto no que diz respeito aos seus alertas.

"Mas, Emerson, Deus vai perdoar todos os nossos pecados, inclusive nossas mentiras. Cristo morreu na cruz para pagar a pena por meus pecados, incluindo minhas mentiras." Sim, mas há duas coisas que você e eu não conseguimos impedir. Uma delas é a amorosa disciplina de Deus sobre nós, na terra, por mentirmos. Leia em Hebreus 12 sobre o amor de Deus, incitando sua disciplina paternal sobre nós, seus filhos. Em outras palavras, ele nos ama demais para deixar seus ouvidos surdos para nossa falsidade. Como um pai terreno que repreende e corrige um filho que mente, Deus faz o mesmo conosco.

A segunda coisa que não podemos impedir é que, embora a vida eterna seja um dom baseado em nossa fé em Cristo, que levou a culpa por todos nossos pecados, Deus estipula um adicional, chamado "recompensa". Uma vez estando nos céus, aquilo que não conseguimos conquistar, há recompensas dadas aos perdoados! Deus nos recompensará pelo que fizemos. Essas recompensas são importantes porque Deus afirma isso. Alguns cristãos, no julgamento, não receberão recompensa. Suponho que as palavras inúteis às quais Jesus se referiu (Mateus 12:36), e sobre as quais teremos de prestar contas, serão um fator contribuinte para não recebermos recompensa, e podem nos fazer perder as recompensas que ganhamos (de acordo com o apóstolo João em 2João 1:18)! Aqueles que vivem a vida no reino deste mundo, promovendo as mentiras de suas associações mundanas, um dia perceberão que construíram sua casa sobre a areia (Mateus 7:26), em lugar de terem construído sobre as palavras de Jesus, imitando-o. Para o cristão verdadeiro, isso é mais importante do que as coisas que podem ser ganhas pela mentira — infinitamente mais.

É mais fácil lembrar da verdade do que da verdade mais umas mentiras. Como eu disse anteriormente, muitos decidiram ser contadores da verdade motivados por razões não tão nobres. Perceberam que não são espertos o suficiente para se lembrar tanto das verdades quanto das mentiras, e estão fadados a ser pegos em uma mentira. É por isso que, durante um interrogatório cruzado, o advogado faz a mesma pergunta, mudando aqui e ali, seis ou oito vezes, em um depoimento de duas horas. Se a pessoa interrogada estiver mentindo, não conseguirá manter registro de todos os detalhes que fabricou no início.

Falar a verdade é muito mais fácil.

Há uma história sobre certa ocasião, em um tribunal, quando o advogado de acusação levantou a voz para um garoto que passara os últimos vinte minutos no banco de testemunhas e disse:

— Seja honesto, filho! Seu pai lhe disse o que devia falar no tribunal, não foi?

O garoto respondeu:

— Sim, senhor, ele disse.

O advogado pensou, alegremente, que apanhara a criança:

— Certo, filho, o que seu pai lhe disse para falar?

O garoto, humildemente, respondeu:

— Ele me disse: 'Filho, só fale a verdade e, quando for questionado, você só precisa dizer a mesma coisa vez após vez.'

Eu amo essa história. Mark Twain escreveu: "Se você contar a verdade não precisa se lembrar de nada."[40]

Mostre-me uma pessoa que seja um comunicador verdadeiro em e-mails, tuítes, ligações telefônicas, encontros para almoço, reuniões de família e assim por diante, e eu lhe mostrarei uma pessoa que chegou à seguinte conclusão: "Mentiras são cansativas e incômodas demais."

COMO RESPONDER AOS QUE COMUNICAM ALGO FALSO?

Você tem um membro da família, amigo ou colega de trabalho que se esquiva da verdade? Já se perguntou como pode abordá-lo? Aqui vão, para aquecer, algumas recomendações sobre como responder a alguém que mente.

O TEMEROSO diz:

— Honestamente, eu temo as consequências dos erros do passado, então eu os escondo.

Você responde:

— Eu preciso que você seja corajoso, independenemente das consequências. Quando o medo o fizer reter a verdade, preciso que você bravamente declare: "Eu posso lidar com a verdade!"

O EGOÍSTA diz:

— O que eu posso dizer? A mentira trabalha a meu favor, impulsionando-me em direção aos meus objetivos.

Você responde:

— Preciso que haja respeito mútuo aqui. Quando você mente para beneficiar a si mesmo, sinto-me usado e inútil como ser humano. Eu tenho importância também, e devo me respeitar, assim como respeito você.

O EVASIVO diz:

— Se os outros não souberem o que eu fiz de errado, haverá menos problemas para todos os lados.

Você responde:

— Eu preciso de sua total transparência. Quando se evade de minhas perguntas, começo a suspeitar. Desconfio que você esteja acobertando algo quando me ignora, dizendo "não sei" ou apelando para o direito de ficar calado.

O ORGULHOSO diz:

— Preciso aparentar ser melhor do que sou para que os outros sintam-se confortáveis comigo e gostem de mim.

Você responde:

— Preciso que você seja você mesmo. Podem não gostar de quem você é, mas eu gosto. Entretanto, não posso ter um relacionamento com alguém que não seja honesto sobre quem é.

O ÁGIL diz:
— Eu minto porque é mais rápido e mais fácil para mim no momento.
Você responde:
— Eu preciso que você resista à conveniência de mentir. Hoje você pode se safar com uma mentira, mas no mês seguinte terá de lembrar-se dela com exatidão para controlar os danos. É um trabalho duro e extenso.

O EMOCIONAL diz:
— Se sinto que é verdade, eu falo. Não preciso de todos os fatos quando sinto que estou certo.
Você responde:
— Preciso que você pare de fazer suposições baseadas apenas em sentimentos. Os seus sentimentos são reais, mas isso não necessariamente os torna corretos. Você precisa de fatos para sustentar seus sentimentos.

O DESATENTO diz:
— Não percebi que não havia dito a verdade. Todo mundo erra.
Você responde:
— Preciso de sua integridade e também exatidão. Seu coração está no lugar certo, mas eu preciso que você seja mais cuidadoso para cometer menos escorregadelas. Esse esforço extra será recompensado.

O BAJULADOR diz:

— Eu quero ser verdadeiro ao mesmo tempo que diplomático, mas o elogio insincero funciona melhor para mim.

Você responde:

— Eu preciso de suas palavras de afirmação, mas não gosto de ser bajulado. Sua mentira o descredita e me magoa. Preciso da verdade falada de modo amoroso e respeitoso.

O AUTOILUDIDO diz:

—Tem gente afirmando que eu minto para mim mesmo. Mas isso é não é verdade. Sou 100% honesto comigo.

Você responde:

— Preciso que você pare de acreditar que a mentira é verdade e que a verdade é mentira. Encarar os fatos é difícil. Nenhum de nós gosta de ver as próprias deficiências, mas isso é necessário para o sucesso.

O CAMALEÃO diz:

— Para escapar de conflito, eu torço minhas crenças de modo a se adaptarem ao meu público, o que agradá-lo.

Você responde:

— Eu preciso que você veja que perde sua identidade ao misturar-se, como um camaleão, com todas as outras crenças. Isso não apenas diminui sua credibilidade, como também faz com que você não tenha convicções essenciais. Não é verdade?

O ENGANADO diz:

— Não é culpa minha. Eu fui induzido a prometer sigilo e isso facilitou uma mentira.

Você responde:

— Não deixe que sua integridade o faça prometer guardar segredo da falta de integridade dos outros! Que contradição! Eles estão se aproveitando de você. É jogo perdido para você.

O PROTETOR diz:
— Eu me sinto responsável por proteger os interesses alheios, mesmo que, para isso, tenha de mentir.
Você responde:
— Preciso que você proteja outros. Mas não os proteja mentindo. Você não está prestando um favor a ninguém quando mente. Isso não é uma virtude, é facilitação de crime.

O CRÔNICO diz:
— Sempre minto, mesmo quando a verdade é melhor. Algo toma conta de mim.
Você responde:
— Percebo que você mente sempre. Mentir parece estar integrado a você. O que o motivaria a mudar? Vamos pensar juntos sobre isso e chegar a um plano diferente.

O IMITADOR diz:
— Não estou realmente interessado em mentir, mas todo mundo faz, então eu também faço.
Você responde:
— Lembre-se do conselho de sua mãe: "Se alguém pular do penhasco, não vá pular também." Isso diz respeito a você e não aos outros. Você precisa deixar de reproduzir o que os outros fazem e, por conseguinte, parar de comprometer sua integridade. Não transfira a responsabilidade para fora de você.

O PERPETUADOR diz:

— Eu minto para compensar as outras mentiras que já contei; infelizmente, mentira gera mentira.

Você responde:

— Eu preciso que, daqui para a frente, você diga a verdade. Então, não terá de mentir sobre a mentira. Você será muito mais feliz quando não tiver de preocupar-se em sustentar o que disse antes.

O ENVERGONHADO diz:

— Fico um pouco constrangido com as coisas ruins que já fiz, por isso minto para parecer bom.

Você responde:

— Você pode mentir sobre sua imoralidade e parecer moral, mas não consegue sentir-se moral ao mentir. Você não consegue remover a vergonha com uma mentira. Na realidade, o sentimento de vergonha aumenta.

O JURADOR diz:

— Admito, quando me colocam contra a parede, eu juro por Deus para que acreditem no que estou dizendo.

Você responde:

— É necessário dizer que, muito embora diga "estou sendo honesto, diante de Deus", você não está. Você mente ao afirmar que está diante de Deus. Você jura pelos céus para mentir. É simplesmente uma péssima ideia.

O GÊNIO diz:

— Eu sou esperto, guardo na cabeça tanto a mentira quanto a verdade. É fácil sair impune depois de mentir.

Você responde:

— Apenas alguém absolutamente genial consegue lembrar-se de todas as mentiras e todas as verdades. Eu e você vamos nos esquecer. E, mesmo que você fosse um gênio que se lembra de tudo, ainda estaria mentindo. Contar a verdade é muito mais esperto.

O ARTÍFICE DE PALAVRAS diz:
— Acho fácil e divertido torcer as palavras, usando duplos sentidos que confundem.
Você responde:
— Você é ótimo com as palavras, mas preciso que descubra por que tenta confundir os outros com elas. Você tem uma infinidade de coisas das quais se orgulhar, não precisa exagerar e enganar as pessoas com duplos sentidos.

O ENGRAÇADINHO diz:
— Francamente, acho que ludibriar os outros é uma brincadeira empolgante e engraçada.
Você responde:
— Mentir apenas para ver se consegue sair impune é um jogo cruel. Na sua opinião, por que você faz isso? Você está entediado? Há algum grupo que está tentando impressionar mostrando quão esperto é em enganar os outros?

CONCLUSÃO

Se nossa comunicação não é verdadeira, que benefício há em seguir falando sobre bondade, necessidade e clareza? Verdade é o cerne dos outros três componentes da comunicação sábia.

E, mais ainda, a mentira não está restrita ao plano horizontal. Há uma dimensão vertical maior e mais importante. Racionalizar as mentiras, minimizar a seriedade e fantasiar sobre escapar contando inverdades não é uma opção para alguém que realmente crê em Deus. No final do dia, e no final da vida, a questão é entre Deus e nós. Nossas mentiras secretas não escaparão da vista de nosso amado Senhor. Paulo escreveu: "Deus [vai] julgar os segredos dos homens, mediante Jesus Cristo" (Romanos 2:16). O cristão percebe o que Pedro disse a Ananias: "O que o levou a pensar em fazer tal coisa? Você não mentiu aos homens, mas sim a Deus" (Atos 5:4).

Nossa comunicação é muito importante para Deus. Por mais estranho que soe, Deus está lendo nossa correspondência e, quando não somos verdadeiros, não estamos sendo verdadeiros com ele. Podemos até mentir, mas nos perguntamos: *Por que faria isso, sendo que amo a Deus e ele me ama. Minha comunicação é, de fato, um reflexo de minha comunhão com ele?* Essa é nossa mentalidade bem estabelecida antes de enviarmos algo. Nossa audiência é Uma só.

Se não temos certeza de que algo é uma mentira, perguntamos: *Posso orar sobre isto? Posso levar o assunto diante de Deus?* Em *As aventuras de Huckleberry Finn*, Mark Twain escreveu: "Você não consegue orar uma mentira — eu descobri isso".[41]

Uma palavra final. Por que eu me foquei mais em comunicação falsa do que em comunicação verdadeira? Nós tendemos a aprender melhor quando algo é enunciado negativamente. Deus sabia disso, então ele nos deu os Dez Mandamentos. Oito dos mandamentos começam com "não". Coloquemos da seguinte forma: Quando leio: "Não corra ao redor da piscina, para que não escorregue, caia e morra", eu presto atenção. Lembro-me disso melhor do que se lesse: "Ande ao redor da piscina, esteja seguro e tenha uma vida longa."

Tendo dito isso, sejamos inspirados pelas seguintes afirmações positivas sobre comunicação verdadeira.

Socialmente seremos...

Confiáveis. As pessoas confiarão em nós quando formos previsíveis contadores de verdade.

Críveis. Veracidade em assuntos pequenos nos tornará críveis para assuntos importantes.

Apoiados. Quando confiarem que somos verdadeiros, as pessoas apoiarão nosso direito de crença.

Persuasivos. Os outros nos ouvirão e serão persuadidos se sempre contarmos a verdade.

Respeitáveis. Teremos uma credibilidade muito maior sendo pessoas que falam a verdade.

Exemplares. Quando falamos a verdade seremos o melhor exemplo para as crianças.

Reais. Viveremos uma vida em contato com a realidade.

Confiantes. Confiaremos nos outros de início, o que criará interações positivas daqui em diante.

Particularmente alcançaremos...

Inculpabilidade. Nossa honestidade habitual nos dará uma consciência limpa.

Descanso. Falar sempre a verdade nos dará paz e dormiremos bem.

Liberdade. Viveremos livres da exposição, pois não haverá nada a ser exposto.

Saúde. Quando falamos a verdade, temos menos estresse e uma saúde melhor.

Autoestima. Andar em integridade nos possibilitará sentirmo-nos bem com nós mesmos.

Autopromoção. Honestidade é a melhor política, pois ela promoverá bem nossos interesses a longo prazo.

Simplicidade. Ao longo de uma vida toda, falar a verdade tornará as coisas muito mais fáceis.

Semelhança com Deus. Sendo contadores de verdade, imitaremos Deus, que nunca mente.

CAPÍTULO 2

Isto é algo bom?

MEDITAÇÃO NAS ESCRITURAS SOBRE UM DISCURSO BONDOSO

"Pelo contrário, **falando a verdade com espírito de amor**, cresçamos em tudo até alcançarmos a altura espiritual de Cristo, que é a cabeça."

(Efésios 4:15, NTLH, grifo nosso)

"O amor é **bondoso**."

(1Coríntios 13:4, grifo nosso)

"A **resposta calma** desvia a fúria, mas a palavra ríspida desperta a ira."

(Provérbios 15:1, grifo nosso)

"**Deve corrigir com mansidão** os que se lhe opõem, na esperança de que Deus lhes conceda o arrependimento, levando-os ao conhecimento da verdade."

(2Timóteo 2:25, grifo nosso)

"**O seu falar seja sempre agradável** e temperado com sal, para que saibam como responder a cada um."

(Colossenses 4:6, grifo nosso)

"Não paguem mal com mal, **nem ofensa com ofensa**. Pelo contrário, **paguem a ofensa com uma bênção** porque, quando Deus os chamou, ele prometeu dar uma bênção a vocês."

(1Pedro 3:9, NTLH, grifo nosso)

"Quando caluniados, **respondamos amavelmente**."

(1Coríntios 4:13, grifo nosso)

"Quem tem coração sábio é conhecido como uma pessoa compreensiva; **quanto mais agradáveis são as suas palavras, mais você consegue convencer os outros**. A sabedoria é uma fonte de vida para os sábios, mas os tolos só aprendem tolices. O homem sábio pensa antes de falar; por isso o que ele diz convence mais. As palavras bondosas são como o mel: doces para o paladar e boas para a saúde."

(Provérbios 16:21-24, NTLH, grifo nosso)

"O coração ansioso deprime o homem, mas **uma palavra bondosa o anima**."

(Provérbios 12:25, grifo nosso)

"**O falar amável é árvore de vida**, mas o falar enganoso esmaga o espírito."

(Provérbios 15:4, grifo nosso)

"O que se deseja ver num homem é **amor perene**."

(Provérbios 19:22, grifo nosso)

"Ele te declarou, ó homem, o que é bom; e que é o que o Senhor pede de ti, senão que pratiques a justiça, e **ames a benignidade** e andes humildemente com o teu Deus?"

(Miqueias 6:8, ACF, grifo nosso)

"As palavras da boca do sábio são **cheias de graça**, mas os lábios do tolo o devoram."

(Eclesiastes 10:12, AA, grifo nosso)

"Antes, santifiquem Cristo como Senhor em seu coração. Estejam sempre preparados para responder a qualquer pessoa que lhes pedir a razão da esperança que há em vocês. Contudo, façam isso com **mansidão e respeito**."

(1Pedro 3:15,16, grifo nosso)

"Mas agora, abandonem todas estas coisas: ira, indignação, maldade, maledicência e **linguagem indecente no falar**."

(Colossenses 3:8, grifo nosso)

"Há **palavras que ferem** como espada, mas a língua dos sábios traz a cura."

(Provérbios 12:18, grifo nosso)

"Com muita paciência pode-se convencer a autoridade, e a **língua branda** quebra até ossos."

(Provérbios 25:15, grifo nosso)

"Todos falavam bem dele, e estavam admirados com **as palavras de graça que saíam de seus lábios**. Mas perguntavam: 'Não é este o filho de José?'"

(Lucas 4:22, grifo nosso)

ISTO É AMÁVEL E RESPEITOSO?

As pessoas ouvem a verdade de suas palavras e sentem a bondade delas. Ou seja, elas sentem seu amor e respeito. Estou definindo *bondade* como aquilo que caracteriza uma pessoa amável e respeitosa.

O coelho Tambor dizia: "Se não puder dizer uma coisa agradável, então não diga nada."[42] Prefiro colocar assim: Se, ao falar, você não parece ser uma pessoa muito delicada e honesta, não diga nada, pelo menos não por enquanto. As palavras que soam grosseiras e desrespeitosas retumbam no coração das pessoas e colocam você em descrédito.

Alguns acreditam que bondade seja opcional, um pormenor, como regras de etiqueta à mesa, que estabelecem que se deve usar o garfo menor para comer a salada e o maior para o prato principal. Na página do *Love and Respect* [Amor e Respeito] no Facebook, alguém comentou: "Verdade e honestidade são a melhor coisa que qualquer um deve ter. Bondade é apenas um bônus." Eu discordo. Não é um acréscimo legal. Quando você é verdadeiro o dia todo, ao mesmo tempo em que é maldoso, detestável e desdenhoso, está fazendo mais inimigos do que amigos. Uma vez ouvi alguém dizer: "Não consigo te ouvir quando sei que me odeia." A hostilidade e o desdém fecham o coração dos outros para a verdade que você deseja que ouçam.

Alguns sentem que a bondade compromete a verdade. Eles igualam bondade a dar ao próximo permissão para satisfazer apetites hedonistas. Entretanto, bondade não se trata de aquiescer ou concordar com a posição de outro. Mas ela tem a ver com quem somos. Somos pessoas delicadas e honestas, que transmitem a verdade inflexível, de maneira amorosa e respeitosa. Embora uma pessoa bondosa tenha uma conduta que busca ser compreensiva e empática com a posição alheia, essa pessoa bondosa recusa-se a trocar a verdade por uma mentira. A verdade absoluta é inegociável. Mas a verdade não é promovida por um espírito mau, odioso e rude. Quando alguém é desagradável e egoísta não protege a verdade, antes, ambos ficam em descrédito.

Em qualquer interação entre seres humanos, deve-se trabalhar diligentemente para falar de modo amoroso e respeitoso. Em Efésios 5:33, Deus ordena ao marido e à esposa, entre os quais há o mais íntimo dos relacionamentos, que mostrem amor e respeito no casamento. Por isso, é preciso aprender com casais que são bem-sucedidos no matrimônio. Um marido me escreveu:

> Nossas discussões se intensificavam não por causa do motivo da discussão, mas porque eu me apresentava sem amor e ela se apresentava sem respeito. Agora damos um passo para trás e tentamos entender a motivação do outro lado e por que estamos bravos um com o outro. Vimos que a maioria das nossas brigas são resultado de agirmos sem amor e sem respeito e não das pequenas coisas que as desencadeiam.

Tenho observado que sindicatos trabalhistas e diretoria frequentemente fracassam em chegar a um acordo, não porque as propostas não sejam razoáveis, mas porque, durante o processo, os sindicalistas sentem que a diretoria não se importa, e a diretoria sente que os sindicalistas não a respeitam. Se há uma propensão oculta à mesquinhez, isso subverte a confiança e, por conseguinte, as deliberações. Quando o assunto é negociação, algumas ofertas podem ser mais do que justas, mas a indelicadeza sabota a proposta.

Uma pergunta para todos se fazerem antes de comunicar algo é: *Estou abordando o assunto ou atacando a pessoa?* Se o outro sentir-se pessoalmente atacado, as negociações serão bem difíceis. Quando alguém é atacado, levanta muros e fecha o coração. Ele pode estar presente, mas está tão defensivo que não ouve de verdade.

E quanto a você? Durante um conflito, você se aproxima do outro como um aliado, não um inimigo? Como um amigo, não um adversário? Você assume que a pessoa tem boa vontade e que é confiável até que de fato ela se mostre indigna de confiança e sem boa vontade? Você procura manter uma atitude positiva e encorajadora enquanto trata das preocupações colocadas à mesa?

Ao buscar persuadir os outros ou tocar seu coração, você precisa manter-se perguntando: *Como eu posso falar com clareza o que é verdadeiro e necessário sem que sintam que não estou sendo bondoso? Como posso discordar de uma pessoa de modo que ela ainda se sinta amada e respeitada?*

O CERNE DA COMUNICAÇÃO BONDOSA

Certa vez, ouvi a história de um cristão francês que viveu sob o regime nazista, durante a Segunda Guerra Mundial e abrigou judeus até ser pego pelos alemães. Ele foi levado diante de um oficial alemão conhecido como o Torturador. Quando entrou na presença do nazista, a paz de Cristo inundou a alma do misericordioso francês — uma paz que excede todo o entendimento, como revela a Bíblia. O oficial observou aquela expressão tranquila e interpretou-a como deboche. Todos os outros que estiveram em sua presença manifestavam medo absoluto.

O homem da Gestapo gritou:

— Tire este olhar de deboche da cara! Você não sabe quem eu sou?

Depois de uma breve pausa, o cristão humildemente respondeu:

— Sim, eu sei quem o senhor é. O senhor é conhecido como o Torturador e tem o poder de me torturar e matar.

Então, dando um passo em direção ao oficial, disse de modo gentil:

— Mas o senhor não tem o poder de me fazer odiá-lo.

De modo similar, o cerne da minha comunicação é que a outra pessoa não consegue fazer meu coração deixar de ser bondoso, amável e respeitoso. Em vez disso, eu tomei uma decisão sobre quem vou ser, independentemente da outra pessoa. Eu não vou colocar a culpa em outros pela minha falta de bondade.

Ao enviar algo, se o indivíduo está se sentindo provocado pelo comportamento enlouquecido do outro e reage como um louco, será visto como um louco, tanto quanto o outro. Ele não sai livre por não ter sido quem começou. Muito embora a outra pessoa tenha agido primeiro, a reação insana revela que há uma séria deficiência de caráter. Minha reação mesquinha e mal-educada revela que eu sou alguém mesquinho e mal-educado.

Da mesma forma, você pode não ter a intenção de ser indelicado (seu coração pode estar no lugar certo), mas faz pouca diferença quando os outros interpretam o que você comunicou como falta de amor e de respeito. Certa pessoa me escreveu:

> Durante o processo, do qual eu participava, de procurar pessoas para contratar, fiquei magoado por algumas coisas desagradáveis que me disseram. Em vez de ser casca-grossa e deixar os insultos aos pés da cruz, eu compartilhei minha dor com um amigo que vivia em outro estado. Péssima escolha. Aprendi que e-mail é tão privativo quanto canal de notícias. Minhas opiniões foram divididas com, nada menos, que todos os participantes do comitê de contratação e o respectivo cônjuge. A minha confiança foi traída por aquele a quem fiz confidências na esperança de encontrar um ombro compreensivo no qual descansar. Eu provavelmente nunca mais me comunicarei com ele de novo. Até hoje não consigo confiar nele. Após me desculpar com o comitê pela mágoa que causei com minhas palavras, tornei e-mails algo do passado. Eu falhei no teste, e para sempre me lembrarei das lições que isso me ensinou. Estou envergonhado pelo fato de ter cedido sob pressão, mas aprendi a não achar que as pessoas de longe vão guardar segredos. Também aprendi quão pequeno é o mundo eletrônico. Agradeço a Deus por poder aprender com essa experiência e, a partir dela, poder ensinar meus filhos.

Quando sua comunicação revela falta de amor e de respeito, você culpa os outros e as circunstâncias por suas observações indelicadas? Como ilustração, quando uma família, seis pessoas no carro, afasta-se meio quilômetro do McDonald's, o papai olha dentro do saco de papel e percebe que estão faltando dois dos lanches pedidos. Inconformado, ele dá meia volta no carro e retorna. Ao entrar pela porta da lanchonete, dirige-se ao balcão e berra com o gerente: "Não acredito na sua incompetência! Não é de admirar que você trabalhe nesse lugarzinho. Você não colocou os dois McLanches Felizes como eu pedi." Após o gerente dar-lhe o que queria, papai sai bufando. Ele dá a si mesmo razões plausíveis para seu comportamento, uma vez que se sentiu ofendido e incomodado. Ser um homem honrado, que fala de modo respeitoso, não passa pela sua mente. Ser um indivíduo atencioso enquanto os outros são desatentos é algo que ele ignora. Para ele, à medida que se comunica "gentilmente" perde poder e influência; além disso, ele nunca mais os verá. Sua raiva e autonomia amenizam sua culpa. Mas todos nós sabemos que ele poderia ter alcançado o mesmo objetivo entrando e dizendo: "Ei, cometeram um erro. Você poderia me ajudar a resolver o problema?"

Aqui está uma questão crítica: Será que a falta de atenção dos funcionários fez com que ele ficasse bravo e fosse grosseiro ou revelou-o uma pessoa brava e irritada? Amo lembrar a mim mesmo que o sol endurece o barro, mas amolece a manteiga. Com isso eu quero dizer que o sol não faz com que o barro fique duro e a manteiga derreta. Ele revela as propriedades internas de cada um. Quando as coisas esquentam, aí então eu revelo quem realmente sou.

Verdade seja dita, nossa grosseria vem de dentro. Jesus disse: "Pois do interior do coração dos homens vêm os maus pensamentos, [...] a calúnia" (Marcos 7:21,22). Mas pensamos que ela é causada pelos outros e que devemos empatar o placar com nossa grosseria. As outras pessoas não nos fazem ser como somos; elas revelam nossa predisposição de expressar desgosto e depreciação.

A REGRA DE OURO DA COMUNICAÇÃO BONDOSA

As pessoas são indelicadas no mundo social de hoje? Algumas são. Uma área problemática é a "trollada". "*Trollar* [...] significa postar comentários acalorados em uma rede social ou fórum, para gerar uma reação emocional, deliberadamente provocando os outros usuários ou leitores a darem segmento à discussão."[43]

Mas ninguém suporta quando as pessoas são hostis e malvadas, seja *on-line* ou no mundo real. Sabemos que a bondade é fundamental para que os relacionamentos funcionem bem na família, na vizinhança, na legislatura, no local de trabalho ou em qualquer lugar. Evitamos gente antipática, sem consideração e desagradável. Por exemplo, gastamos nosso dinheiro em outro lugar quando o dono de uma loja fala conosco de maneira descuidada e insensível.

Mas, quando somos pressionados ao limite, e o sentimento de bondade não está nos levando a lugar nenhum, será que nos tornamos antipáticos, desagradáveis e incivilizados? Será que comprometemos a bondade para obter o que queremos ou para evitar perder o que temos? Parecemos hostis e desdenhosos? Intimidamos? Ameaçamos? Usamos discurso abusivo? Ou estamos empenhados em falar amorosa e respeitosamente, não importa o que aconteça, porque resolvemos ser pessoas amorosas e respeitosas?

Isso levanta uma questão importante: Pretendemos fazer com os outros o que esperamos que eles façam conosco? Esperamos que os outros sejam comunicadores gentis conosco, mas, seremos nós comunicadores gentis com eles?

Ryan Anderson, um intelectual que defende valores tradicionais em *campi* universitários, chegou a uma conclusão bastante sensata sobre o tema de civilidade. Luma Simm escreveu que Ryan teve de suportar uma carga de vergonha e perseguição grande demais. Ederstadt registra: "Suas aparições públicas são agora para-raios de malignidade ideológica de um tipo sem precedentes em qualquer âmbito." Luma descreve uma entrevista dada por Anderson a um repórter do *New York Times*, que a levou às lágrimas:

> [Enquanto] Anderson defendia repetidamente a civilidade e o respeito para com pontos de vista contrários, o repórter respondia com: "Por que eu não deveria xingar você?", e "Civilidade não é sempre uma virtude", e "Algumas pessoas merecem a incivilidade", e "Obviamente algumas visões políticas deixam as pessoas indignas de respeito". Anderson explicou: "As pessoas são sempre dignas de respeito, mesmo que sua visão política seja equivocada. Nada deixa as pessoas indignas de respeito." E continuou: "Penso ainda que, mesmo que discordemos veementemente de alguém, essa pessoa continua tendo dignidade humana inata, continua digna de respeito."[44]

Será que esse jornalista do *New York Times* é o novo fariseu secular, um tipo presunçoso, irado, julgador e condenador? Por acaso ele se vê como alguém que tem direitos divinos e vê pessoas como Ryan Anderson merecedoras de apedrejamento? Isso me deixa perplexo.

Contudo, todo mundo, incluindo esse repórter, sabe que incivilidade é errado. Como assim? Quando os papéis estão invertidos, o perseguidor, quando se torna vítima, implora por misericórdia e justiça. A alma outrora incivilizada, quando tratada com incivilidade, protesta contra o ódio e desprezo. Então vêm os gritos: "Isto não é justo!" Como aquele repórter não consegue reconhecer isso ao cuspir seu ódio e desprezo? Quer que os outros obedeçam à Regra de Ouro ao comunicarem-se com ele, mas recusa esse direito a Ryan Anderson.

Tenho observado que o hábito de evitar a Regra de Ouro espalha-se também nos casamentos e na comunicação diária. Uma mulher andava perto do marido com um livro cujo título dizia, na prática: "Como viver com um homem perverso". Ela fazia isso porque estava brava com ele e queria que mudasse, então usou um tratamento indelicado para motivá-lo a ter amor por ela. Vai entender! Quando o marido soltou fumaça de raiva, isso acabou com a esposa, porque confirmou seus medos mais profundos: "Ele não me ama." Entretanto, o que ela sentiria se ele andasse carregando um livro cujo título fosse "Como viver com uma mulher perversa"?

Ainda que o fim possa ser válido (ser amado e respeitado), quando cada um usa meios profanos (palavras e ações desrespeitosas), esse fim não será alcançado. Devemos tratar os outros como esperamos que eles nos tratem. Negar isso nos torna arrogantes ou tolos, ou ambos.

POR QUE COMUNICAMOS ALGO QUE NÃO É BOM?

Alguns jamais considerariam mentir. São comunicadores verdadeiros. Todavia, parecem rudes. Os outros ouvem o que falam ou leem o que escrevem e concluem: "Esta pessoa não é nem amorosa nem respeitosa." Por quê? Os indivíduos têm suas razões para serem grosseiros. Algum desses chapéus lhe serve?

O INTIMIDADOR: Quando sou desprezível, a coisa funciona. Quando intimido, sai do meu jeito.

O RETALIADOR: Sou cruel apenas quando os outros são grosseiros comigo; é olho por olho.

O FRANCO: Eu não sou áspero, só brutalmente honesto ao dizer aos outros o que eles não querem ouvir.

O INSENSÍVEL: Não sou de chorinho e segurar mãozinha. O fracote tem de criar casca.

O IMPACIENTE: Eu não tenho tempo para saudações educadas, preciso ir direto ao ponto.

O VENCEDOR: Para vencer, posso mentir e manchar a competição. Meu fim justifica meus meios.

O RESSENTIDO: Eu fui desonrado e injustamente tratado. É, sou grosso e agressivo.

O CONDICIONAL: As pessoas que não ganham meu respeito não o merecem. Ponto.

O DERROTADO: Mostrar bondade não faz voltar bondade. Tem efeito contrário. O problema deve ser eu.

O INVEJOSO: A vida é injusta comigo. Eu não tenho o que os outros têm. Sem dúvida que estou descontente.

O INTOLERANTE: Eu detesto e não engulo aqueles com convicções incompatíveis com as minhas.

O DESCUIDADO: De verdade, estou preocupado com umas coisas e inadvertidamente feri os outros pela minha negligência.

O ACIDENTAL: Não queria ser insensível ou frio. Eu só estava aborrecido.

O REBELDE: Eu não suporto regras me dizendo para ser bondoso. Vou ser do jeito que eu quiser.

O DESCOLADO: As pessoas precisam superar isso e se acostumar. Agora é assim que nós falamos e trocamos mensagens.

O ANTISSOCIAL: Quero ser deixado em paz, então eu afasto as pessoas. Não quero ser incomodado.

O SURDO: Acho que os outros estão ouvindo coisas. Eu não ouvi indelicadeza nenhuma na minha voz.

O DE FAMÍLIA: As pessoas precisam levar numa boa. É assim que, na minha família de origem, reagimos em conflitos.

O ABUSIVO: Não sou abusivo, e qualquer idiota que disser o contrário deve ficar de olho aberto.

O AUTOAVERSIVO: Estressado, fora de forma e com sobrepeso, eu reajo. Não gosto de mim.

O INTIMIDADOR

É difícil argumentar contra a experiência a curto prazo do intimidador. De fato funciona. Dizer ao colega que, ou ele passa a grana ou termina com um nariz sangrando, faz entrar dinheiro no seu bolso. Descobrir uma sujeira de um corretor em *Wall Street* e usar isso para conseguir informação privilegiada possibilita a você comprar um iate.

Nós, maldosamente, levantamos a voz para o varejista local, exigindo um reembolso, e pronto! Funciona. Nós, maldosamente, ameaçamos nos divorciar, e nosso cônjuge melhora no casamento. Nós, maldosamente, falamos que pretendemos processar o proprietário do imóvel por causa dos canos quebrados, e ele troca os canos e também pinta o apartamento. Enviamos comunicações maldosas porque a bondade traz menos resultados do que a maldade.

Mas todos os intimidadores precisam perguntar-se: *Será que só consigo garantir meus desejos por meio da intimidação? Eu tenho falta de confiança de que meu caráter honrado possa atrair os outros a fornecerem o que eu preciso? Será que eu não posso usar meu bom coração para motivar os outros? Eu preciso berrar com o vendedor, ameaçar me divorciar e gritar litigação contra o locador?*

As pessoas dignas acreditam que o próprio caráter e que apelar para o bom caráter do próximo motiva mais os outros. A longo prazo, como cidadãos de boa reputação, cremos que civilidade protege e promove nossos interesses de modo mais efetivo.

Quando sentem que você é uma alma amável e respeitosa, as pessoas se movem em sua direção e buscam ajudá-lo. Embora isso nem sempre seja verdade, como provam os intimidadores, pessoas cheias de bondade, amor e respeito, a longo prazo, influenciam os outros, porque os outros querem ser influenciados deste modo. Antes de enviar algo, você precisa se perguntar: *Esta correspondência, mensagem de voz ou discussão por cima do balcão soa malvada ou cortês?*

O RETALIADOR

A retaliação pode ser comparada com a picada de uma abelha. O ferrão é farpado, por isso não pode ser arrancado. Quando tenta puxá-lo, a abelha arranca seu abdômen e tubo digestório e morre da ruptura. Retaliação é nossa tentativa de picar o outro. Mesmo que sejamos bem-sucedidos em infligir uma ferida mortal em alguém, isso acabará em dois túmulos.

O que uma pessoa sente quando um companheiro de trabalho, na frente de vários outros, faz um comentário indelicado dizendo que ela está horrível com aquela roupa, e então acrescenta: "Mas não é nada comparado com o fato de ter perdido o caso de Houston"? Humilhada, ela imediatamente se sente ferida e, então, irada, quer devolver e empatar o placar. Elas por elas. Afinal, a pessoa tem dignidade própria, e hostilidade e desprezo enviam a mensagem: não ouse me tratar como no outro dia ou você pagará um preço. Mas a tendência "olho por olho, dente por dente" a reduz ao nível do colega. Morder uma cobra não muda o caráter da cobra, apenas deixa os outros se questionando: "Que tipo de pessoa morde uma cobra?!"

Para convencer o outro, é preciso agir com a sabedoria das eras. "Se o seu inimigo tiver fome, dê-lhe de comer; se tiver sede, dê-lhe de beber. Fazendo isso, você amontoará brasas vivas sobre a cabeça dele" (Romanos 12:20). Em *O moinho à beira do rio*, George Eliot escreveu: "Ver um inimigo humilhado dá um certo contentamento, mas isso é jejum se comparado à altíssima satisfação mista de vê-lo humilhado por nossa ação benevolente [...] Este é o tipo de vingança que entra na escala da virtude."[45]

Antes de enviar uma mensagem ou falar sobre algum assunto, você precisa avaliar se isso não é motivado por retaliação. Empatar o placar só manterá a retaliação em continuidade. Uma abordagem diferente é mostrar um desejo de solidariedade para com do outro. Isso pode amolecê-lo e, com sorte, trazer mútuo entendimento com respeito aos assuntos, em vez de intensificar os ataques de um contra o outro.

O FRANCO

Certa mulher escreveu-me, dizendo: "A verdade é a verdade [...] realmente não importa como você a comunica. A reação da outra pessoa ao receber a verdade depende da competência ou estado emocional da mente dela para recebê-la." Por um lado, eu entendo o ponto dessa mulher. Alguns estão sentados sobre questões mal resolvidas da infância, e isso respinga em nós. Podemos comunicar a verdade da melhor maneira possível, mas a pessoa é tão insegura que somente consegue reagir e atacar como um urso ferido.

Por outro lado, algumas vezes nós despejamos a verdade nas pessoas de modo grosseiro e as culpamos por não a receberem.

Somos ásperos e não percebemos. Alegamos ser brutalmente honestos, mas somos apenas brutais. Alegamos que os outros são emocionalmente incapazes, quando nós é que faltamos com graça em nossa maneira de nos comunicar.

Embora alguns ouvintes sejam intocáveis e incorrigíveis, certos indivíduos não têm um comportamento amoroso e respeitoso ao escrever ou falar. As pessoas desligam-se deles por serem francos e rudes, mas eles cegam a si mesmos para o modo como se comunicam.

Quando os outros não respondem à sua comunicação, você precisa olhar primeiro para o estilo dela. *O outro é incapaz de ouvir o que estou dizendo? Ou eu é quem sou abrupto, curto e grosso?*

Será que você vê a si mesmo como algum tipo de honrado promotor de justiça que apoia a verdade, mas é ofensivamente sem educação e sem modos? As pessoas sentem-se acusadas e julgadas por você? Elas sentem como se estivessem sendo levadas a um tribunal? Isso, por acaso, tem pouco a ver com a verdade e tudo a ver com sua falta de amor?

Dietrich Bonhoeffer escreveu: "A verdade sem amor não é nada — e nem mesmo é verdade, pois verdade é Deus, e Deus é amor. Assim, verdade sem amor é uma mentira; não é nada."[46]

O INSENSÍVEL

Sei de um líder que sustentava a postura de não ter empatia: "Não vou alimentá-los na boquinha, como crianças pequenas!" Esse comentário foi a gota d'água, e ele perdeu meia dúzia de seus leais funcionários, que se sentiram desapontados com tal postura. Sua atitude, exibida por sua afirmação, apagou naquelas pessoas o desejo de servi-lo, e isso após muitos anos seguindo-o fielmente.

Tal atitude, como a desse chefe, exagera a questão, como um modo de isentar-se do chamado para ser empático. Quando criamos uma figura tola do que deve ser uma pessoa empática, conseguimos facilmente derrubar tal imagem. Uma caricatura extremista permite que nos escusemos de ter que, gentilmente, ouvir as necessidades de quem está diante de nós. Alegamos que, se for preciso prantear com aqueles que estão chorando, então não temos esperança de confortar os que sofrem. Afinal, nós não pranteamos.

O que isso de fato revela é que escolhemos ser insensíveis e alheios. Tachamos as pessoas com necessidade de necessitadas. Nós as descrevemos como fracas, de maneira nenhuma somos nós os insensíveis; elas são patéticas, e nós não somos sem empatia. Interpretamos a vulnerabilidade verdadeira como falso vitimismo. Nós afirmamos que elas estão fingindo.

Na prática, o fato de alguém, ao se sentir vulnerável, procurar você, este é um dos maiores elogios a quem você é. A pessoa não está pedindo que você caia no chão e se acabe de chorar. Em lugar disso, a pessoa deseja que você veja através dos olhos dela. Isso é empatia. Por que tachar de deplorável e fraco alguém que se volta para você e seus pontos-fortes em busca de compreensão?

A maioria daqueles à sua volta não pede que você seja responsável por eles. A maior parte deles não espera que você os cure, mas sim que entenda suas feridas. Eles não estão buscando abraços, mas esperança. Não pedem que você seja irmão chegado, apenas amável.

O insensível, algumas vezes, se vê prestes a enviar um e-mail que parece gentil, mas ele se recusa a fazê-lo, porque imagina que uma comunicação empática significa que se tornou um vira-
-casaca chorão e segurador de mãozinha. E, como ele não é assim,

o fato de outra pessoa vê-lo como compreensivo e de querer uma conexão emocional maior é algo que deve ser evitado.

O IMPACIENTE

Ir direto ao urgente ponto não tem problema quando o relacionamento é sólido. Entretanto, se a outra pessoa não tem um relacionamento sólido conosco, ela provavelmente interpretará nosso comentário objetivo como abrupto e procurará decifrar nosso tom. Tal é a natureza humana, que a maior parte das pessoas interpreta uma fala abrupta como significando que o comunicador está negativo ou indiferente.

"Mas, Emerson, eu devo me preocupar com polidez quando o outro testou minha paciência causando o problema?" Não devemos nos esquecer do antigo ditado: "Apanham-se mais moscas com mel do que com vinagre." Acidez e falta de educação não são mais efetivos para alcançar nossos intentos do que a polidez, não a longo prazo, vivendo em comunidade. Imaginemos o que o funcionário do departamento de contabilidade de uma companhia de petróleo pensaria deste e-mail: "Ao responsável: Vocês me cobraram 175 dólares a mais. Vocês erraram. Aqui está o número da minha conta. Corrijam as coisas e façam direito."

Esse não é um e-mail maldoso; não obstante, suponho que o funcionário concluiria que o remetente está enfezado. Quando nós desabafamos algo que consideramos injusto, o ouvinte presume que estamos zangados. Aquele cliente poderia escrever de outro modo:

> Talvez um equívoco, acredito que sincero, tenha ocorrido aqui, porque me cobraram 175 dólares a mais. Estou certo? Por favor, ajudem-me a entender o que aconteceu. Se

alguém puder dar uma olhada nisso, eu agradeço. Sei que vocês são ocupados. Se facilitar para vocês, podem creditar na minha conta do próximo mês. Obrigado.

Será que você realmente acha que a primeira abordagem é mais efetiva em alcançar seus intentos do que a segunda? Tudo isso volta à Regra de Ouro. Se os papéis estivessem invertidos, você apreciaria profundamente a segunda abordagem e responderia a ela. Sim, isso demandaria que o outro escrevesse, com paciência, sete frases, e não quatro. Mas o método "mel" captaria sua atenção, e esse comportamento paciente libertaria você para admitir e consertar seu erro.

O VENCEDOR

Leo Durocher, empresário do beisebol, foi, supostamente, o primeiro a dizer: "Caras bonzinhos acabam em último lugar".[47] Vencer demanda resistência e dureza. Mas alguns acrescentam impiedade. Eles aderem à ideia de que, a fim de ganhar, não se pode ter pena ou compaixão. É preciso ser cruel, mau, ter fúria, aviltar e vociferar. Custe o que custar, eles pretendem chegar ao topo. Para esses, é cão come cão.

Contudo, os caras bonzinhos vencem, sim. Pergunte a Peyton e Eli, jogadores de futebol americano pela NFL. Embora Peyton já esteja aposentado, os irmãos Manning já ganharam muito. Se formos decentes, amigáveis e agradáveis, ainda assim poderemos vencer. Podemos triunfar de modo justo jogando com excelência.

O interessante é que, quando não conseguem ganhar pelos méritos do próprio desempenho, produto ou posição, as pessoas são tentadas a cruzar a linha e falar do oponente de modo horrível, às vezes até mentindo. Ben Carson, ex-candidato à presidência dos EUA, disse: "As pessoas inteligentes tendem a falar sobre fatos. Elas não ficam por aí xingando os outros. Essa atitude é o que você encontra no recreio da terceira série [...] Mas ficar por aí agindo como crianças de terceira série é improdutivo."[48] Mas, enquanto muitos querem concordar com Ben, há muitos que veem os ofensores como vencedores. A difamação de fato traz a vitória. Então, no fim, trata-se do tipo de pessoa que eu serei.

Você, assim como todo mundo, deve perguntar-se individualmente: *Vou comprometer o meu caráter e a verdade a fim de vencer? Vou ser bem-sucedido, custe o que custar?* E, se você sabe o que é bom e certo: *Eu vou viver de acordo com a luz que tenho? Vou me manter fiel a quem eu sou ou, como o Darth Vader, vou passar para o lado negro da força?* Isso não significa que todas as decisões são fáceis de serem tomadas. Há áreas nebulosas. Mas, de modo consciente e intencional, não acuse falsamente as pessoas de serem más nem faça coisas más para chegar à frente. Não manche a competição com enganos. Isso não seria uma vitória, mas uma atitude vil.

O RESSENTIDO

Tendo ouvido muitas histórias de pessoas e fico assombrado com a maldade — sim, maldade — à qual algumas foram submetidas. A vida não é justa. Eu conheci um cavalheiro, torturado durante anos sob um regime comunista, que teve de suportar ganchos de ferro atravessando a pele de suas costas ao ser pendurado em vigas. Em outro caso, várias mulheres reportaram-me o abuso sexual que sofreram quando ainda eram preciosas garotinhas inocentes e ingênuas. O que me impressiona sobre essas pessoas em particular é o fato de não haverem se tornado amargas, mas, sim, melhores. Sem atitudes grosseiras. A falta de resposta para as perguntas e a injustiça da vida não fizeram com que se tornassem ressentidas e rudes.

Acho curioso quando outros, em situações menos agudas, tornam-se ressentidos para com tudo e todos. Eles culpam Deus e os outros. Deus não lhes permitiu nascer em uma família rica e bonita, ou eles tiveram de se ausentar dois anos da faculdade para trabalhar, uma vez que os pais não conseguiam bancar seus estudos. Em todas essas circunstâncias nada de trágico aconteceu. Mas as pessoas não conseguiram o que queriam e ficaram amarguradas. Elas se tornaram cínicas e acham que, até prova contrária, todo mundo quer maltratá-las. Os e-mails manifestam rancor. Os torpedos têm um toque negativo e indelicado. As conversas telefônicas são desagradáveis. Tudo isso para se protegerem, mas atitudes assim apenas fazem com que sejam tachadas de ressentidas e grosseiras.

Será que isso o descreve? Você se tornou um lança-chamas verbal? Você fica furioso pelas injustiças do passado, algumas delas malignas e se tornou amargurado e desconta nas pessoas que nunca lhe fizeram mal? A indelicadeza, porventura, permeia sua comunicação com aqueles à sua volta, pelo fato de alguns indivíduos, muitos anos atrás, terem pisoteado você? É assim que você quer ser? Algumas vezes, os mais sensíveis tornam-se insensíveis e fazem com os outros o que fizeram com eles — o que é uma tremenda ironia. Alguns que, quando mais jovens, sofreram desonra, acabam desafeiçoados e grosseiros para evitar mais mágoa. Mas desonrar os outros não os leva à honra.

O CONDICIONAL

Quando consideramos que a outra pessoa não conquistou nosso respeito, porventura isso nos dá o direito de sermos desrespeitosos com ela em nossas mensagens, e-mails e pelo Facebook? Uma pessoa, certa vez, escreveu-me, dizendo:

Respeito não foi algo que eu aprendi na infância. Meus pais tinham um casamento verbalmente muito destrutivo, então aprendi bem como ser repugnante com minha voz e minhas palavras. Aprendi que respeito é conquistado. Ou você trabalha duro para obtê-lo ou não o tem. Nem é preciso dizer que, a meus olhos, os outros nunca trabalharam duro o bastante para conseguir um grama do meu respeito.

Quando assumimos a postura de estarmos plenamente justificados em demonstrar desrespeito aos outros porque eles não atingiram nosso padrão, o que nos faz pensar que, a longo prazo, eles responderão a nós? Eu posso ganhar deles essa rodada, usando meu desrespeito para manipulá-los, mas e amanhã e na próxima semana e no mês seguinte? Desrespeito não influencia corações.

No mundo de hoje nós precisamos ter em mente dois grupos com os quais nos comunicamos. O primeiro grupo consiste de pessoas em nossa vida. O segundo grupo consiste de pessoas "lá de fora", como aquelas da internet. Alguns de nós baixam a guarda da civilidade para com as pessoas "lá de fora". Mostrar desprezo para com políticos, empresários, autores, celebridades e religiosos não apenas prova ser ineficaz, mas tal atitude respinga sobre nossas interações cotidianas, com as pessoas de nosso mundo particular. Não devemos pensar ser possível tratarmos aqueles "lá de fora" com desprezo sem que isso tenha nenhuma interferência em nossas interações diárias. A verdade é que somos quem somos. Esse comportamento desrespeitoso inevitavelmente aparecerá no trabalho, no namoro, em nossa família e entre os vizinhos.

Não se trata de as pessoas serem dignas de respeito; trata-se de você comunicar sua mensagem de modo respeitoso, ainda que elas não mereçam. Isso é respeito incondicional, o que pode parecer uma contradição de termos, mas simplesmente significa ser alguém respeitoso independentemente das ações dos outros. Significa dar a eles permissão para fazer qualquer coisa que egoistamente desejarem? Não. Respeito incondicional implica confrontar as transgressões. O fato de eles não serem civilizados não o torna respeitosos. Quem eles são não determina quem você vai ser.

O DERROTADO

Quando as pessoas não respondem à bondade, alguns partem para a autodepreciação e dúvida. "O problema deve ser comigo. Deve haver algo inerentemente errado com a minha pessoa. Eu vou parar de tentar ser tão bonzinho."

Nos quadrinhos dos *Peanuts*, Charlie Brown, memoravelmente, disse: "Nada como amor não correspondido para tirar todo o sabor da manteiga de amendoim."[49] Todas as vezes em que somos verdadeiramente bondosos, amorosos e respeitosos e os outros nos ignoram, é como um soco na boca do estômago. Alguns se culpam. "Fiz alguma coisa errada — de novo." Entretanto, temos de ser adultos maduros que exercitam o discernimento. Se tudo o que fizemos foi verdadeiramente amoroso e respeitoso, não podemos concluir que há algo de errado conosco só porque o amor não foi retribuído.

Você se preocupou com seu pai, mas ele não valorizou seus esforços e de fato reagiu negativamente. Isso significa que você é um filho terrível? Ou o problema está no seu pai? Ao sermos maltratados por um membro da família, minha esposa Sarah e eu frequentemente paramos e nos perguntamos: "Isto é conosco ou com eles?" Temos de ser honestos. Algumas vezes o problema está na outra pessoa, então não vamos menosprezar-nos só porque ela faz cara de que nós somos o problema. Digo isso pois algumas pessoas bondosas assumem a culpa indevidamente.

Por que pedir demissão do trabalho se a hora extra que você dedicou pelos dois colegas foi retribuída com uma declaração arrogante e falsa no relatório dizendo que eles fizeram tudo? Você não queria o reconhecimento mesmo. Por que deixar que as ações lamentáveis de alguns façam você se punir pedindo demissão de um emprego em uma empresa com cinquenta outros que o estimam muito? Por que deixar que as mentiras de duas pessoas se sobreponham ao sentimento da grande maioria? Mantenha o curso do navio. Quando sua bondade não é recompensada, você não deve se tornar indelicado e derrotado. Há, por aí, pessoas erradas, e isso é problema delas, não seu.

O INVEJOSO

Inveja é desejar o que o outro tem e estar descontente com o que se tem. A mulher diz para o marido: "Queria que você tivesse mais dinheiro para podermos ter uma casa como a dos Andersons." Ou você descobre que seu colega acabou de receber um aumento e um bônus, e você se segura para não encher o seu chefe com suas reclamações.

Tal inveja é seletiva quanto àquilo que vê com respeito ao outro possuir mais. Se todos os escritórios não têm janela, nós não invejamos os outros funcionários. Deixe uma claraboia vir para o nosso parceiro e agora nós sentiremos inveja. Alguma coisa toma conta de nós. Do mesmo modo, invejamos a recompensa dos outros, não o risco que assumiram; o prazer, não a dor; os sucessos, não os sacrifícios. Somos seletivos.

Ouvi uma pessoa confrontar uma alma invejosa: "Você quer o que eles têm agora, mas não queria passar pelo que eles tiveram de passar para conseguir o que têm." Claro, o médico vivendo na porta ao lado pode ter um novo Mercedes, mas não se esqueça dos doze anos que ele viveu um dólar acima da linha da pobreza enquanto estudava medicina e fazia residência, ou das quatro horas de sono por noite durante uma década.

Outro pensamento. Por que invejar os outros quando nossa condição é resultado das escolhas que fizemos? Frequentemente, estamos onde estamos porque escolhemos estar nesta situação. Não somos vítimas. Por exemplo, casamos com nosso cônjuge por amor, não por dinheiro. Nós poderíamos ter corrido atrás de alguém rico, mas não era o que queríamos no momento, e realmente não queremos isso agora. Precisamos lembrar a nós mesmos de nossas escolhas. Para derrotar a inveja, devemos reexaminar por que estamos onde estamos.

Também temos de reconhecer que as pessoas têm suas lutas. Ironicamente, a mulher na casa luxuosa inveja o amor demonstrado pelo marido e os quatro filhos da amiga. Um provérbio dinamarquês diz: "Se inveja fosse uma febre, o mundo todo estaria doente."[50]

"Mas, Emerson, e se a outra pessoa receber o que ela não merece e eu não receber o que mereço?" Digamos que mereça a promoção e o aumento de salário, mas por algum tipo de preconceito, você perde o que é seu por direito. Ou que a mulher no final da rua tenha o amor de um marido e uma tonelada de dinheiro no banco, e você foi desfalcada e não tem dinheiro nenhum e não recebe mais amor de seu marido. Martin Luther King Jr. entendia essa injustiça: "Tenho um sonho de que, um dia, meus quatro filhinhos viverão em uma nação onde não serão julgados pela cor de sua pele, mas, sim, pelo teor de seu caráter."[51] O que o dr. King sugeria que fizéssemos? "As trevas não podem expulsar as trevas; só a luz pode fazer isso. O ódio não pode expulsar o ódio; só o amor pode fazer isso."[52] Quando a vida é injusta, a pessoa de caráter segue em frente, como Luther King bem exemplificou.

Deixar que a inveja crie comunicações desagradáveis e queixosas não fará com que os leitores do que você escreve ou os ouvintes do que você fala venham em seu resgate. Ao contrário, eles deletarão seus e-mails e atravessarão para o outro lado quando o virem na rua.

O INTOLERANTE

Somos livres para rejeitar as crenças que julgamos falsas. Mas pessoas civilizadas não têm o direito, nem o desejo de odiar aqueles que aderem a sistemas de crenças que elas considerem abomináveis. Civilidade não significa sancionar a "pretensão de verdade" do outro. Contudo, para tirá-lo de sua convicção falsa, devemos mostrar amor e respeito por ele. Caso contrário, não ganharemos seu coração; além disso, nós o indispomos para aquilo que cremos. Quando detestamos as pessoas, elas não ouvirão de coração as declarações da verdade de nossa fé. Por que iriam querer escutar alguém que deseja sua morte?

Quando tuitamos comentários vis sobre aqueles que diferem de nós e tentamos silenciá-los, legalmente ou pela violência, estamos aderindo à filosofia que diz: "Quando considero que você está errado, você perde todos seus direitos." Isso, certamente, apenas mostra a fraqueza de nossa própria posição. Tenho dito ao longo dos anos: "Pode deixar qualquer religião ou filosofia ser pregada junto comigo, enquanto prego a Jesus Cristo. Eu não temo a posição dos outros. Tenho confiança na mensagem de Jesus Cristo. Mas, quando os outros silenciam-me em favor de suas próprias posições, então eu sei que eles têm falta de confiança na autossuficiência da própria fé ou filosofia."

Aqueles que são bondosos e mostram respeito evidenciam um contentamento e uma confiança no que acreditam. Aqueles que silenciam ou destroem os outros apenas mostram quão temerosos se encontram de estarem errados em suas alegações de suposta verdade. Eles são intolerantes porque temem ouvir algo que possa minar sua perspectiva de fé. Isso não significa que deixamos outros controlarem nossa comunidade individual de fé, apenas não fazemos exibição de ódio, desprezo e violência em praça pública como eles. A verdade carrega o próprio peso, e devemos nos sentir seguros quanto a isso. Quando gritamos na tentativa de vencer pela força, há algo inerentemente errado no que acreditamos, e nós sabemos disso.

Você, bem como todos nós, deve aderir à ideia de que debaterá contra o ponto de vista dos outros ao mesmo tempo que defenderá o direito de manter a própria visão. Os pais fundadores dos EUA anuíram à crença de que a liberdade de uma pessoa não está segura até que a liberdade da outra esteja protegida.

O DESCUIDADO

O marido se esquece do próprio aniversário, enquanto a esposa o espera em casa. Os adolescentes se esquecem de ligar, deixando os pais apreensivos por um certo tempo. O gerente se esquece de cancelar a reunião, e várias pessoas aparecem. Preocupações nos fazem descuidar de coisas bem práticas.

Poucas pessoas quando estão preocupadas têm intenção de serem desrespeitosas. É possível serem absorvidas por outras questões importantes. O marido que se esqueceu do aniversário pode estar sobrecarregado resolvendo um problema de seguro de um cliente, agindo, assim, com uma preocupação de compaixão para ajudar. O gerente pode estar trabalhando em um plano de saúde para seus funcionários, agindo com tamanha obsessão, que se esquece deles esperando no saguão. O adolescente é um adolescente na rua se divertindo, só isso. Quando algo captura nossa atenção, isso nos distrai de outras coisas. Todos já passamos por isso.

A indelicadeza não está no que dizemos, mas no que não dizemos. O inimigo do bom nem sempre é o mau, pode ser a incapacidade de fazer o que é melhor. Quando os outros têm necessidade de nossa comunicação bondosa e somos negligentes, nós os ferimos. Um pecado por ação pode, algumas vezes, ser menos doloroso do que um pecado por omissão. Um filho gritando "eu te odeio!" é menos doloroso para o pai do que é, para um filho, o pai que nunca diz "eu te amo".

Um homem disse-me certa vez: "Minha esposa reclama para mim sobre nosso casamento. Mas eu estou em casa todas as noites. Eu não saio para beber e não tenho outras mulheres." Seu argumento me faz lembrar do marido que declarou: "Eu não bato na minha esposa." Isso é ótimo, mas você a ama e ela sente esse amor? Bater na mulher é um pecado de ação. Deixar de amar a esposa de modo significativo é um pecado de omissão.

Alguns de nós somos comunicadores terríveis, e não tem nada a ver com o que dizemos. Tem tudo a ver com o que não dizemos.

O ACIDENTAL

A maior parte de nós não tem intenção de ferir os outros. Mas o fato de nossas palavras indelicadas escaparem sem animosidade não significa que a outra pessoa, como se fosse um *marshmallow*, deva deixar-se acertar por nossos projéteis verbais. Mesmo quando, sem querer, derramamos água quente em alguém sentado ao nosso lado, ele ainda se queima.

Uma esposa, magoada no casamento e ameaçada por um marido exigindo espaço e tempo sozinho, escreve em sua página no Facebook: "Orem por mim. Meu marido incrédulo está me deixando. Acho que ele tem outra mulher." O homem lê a publicação e fica chocado. "Eu não disse que estava deixando você, e não existe outra mulher. Simplesmente estou me sentindo desrespeitado nesta casa e fico esgotado com esses comentários que você publica para o mundo." Desculpando-se rapidamente, ela fala: "Eu estava errada. Por favor, perdoe-me. Eu só estava aborrecida e fora de meu perfeito juízo."

Ao ser ignorado uma segunda vez para uma promoção, alguém, na sala de reuniões, critica a empresa por sua política de acelerar as coisas, colocando certos grupos étnicos acima dos outros. Ao ser chamado pelo gerente, o indivíduo busca retratar seus comentários virulentos: "Eu estava chateado. Não queria machucar ninguém."

Palavras indelicadas escaldam. Quer de modo acidental, quer de modo intencional, os efeitos são basicamente os mesmos.

Mas aqui está o verdadeiro desafio. Por acaso com frequência você se pega dizendo: "Eu não queria dar esta impressão"? Ou "Não estava tentando ser insensível e frio, apenas pareceu assim"? Quando uma pessoa derrama água quente repetidas vezes e afirma que foi acidental, aqueles à sua volta não acreditam mais na inocência de suas alegações. Se você fica regularmente pedindo desculpas por um falar indelicado, é preciso dar um passo atrás e considerar se a outra pessoa é que tinha responsabilidade de entender você ou se é você que precisa melhorar sua compreensão. Foi mal, mas não ter a intenção de agir assim não significa que você foi bom.

O REBELDE

Alguns declaram: "A vida é minha. Eu faço as regras. Deixe de meter o nariz nos meus assuntos." Em certo nível, a independência é louvável e nobre. Ninguém quer que haja uma codependência. Mas o que ocorre quando um sujeito desses diz para mim: "Se eu quiser comunicar-me de modo indelicado com você, eu vou, e isso não é problema seu". Rapidamente isso se torna problema meu. Ele não é o único rebelde no mundo, e quando fala de maneira rude comigo, ele cruza a linha; viola uma regra básica. Hayden Fry, treinador em Iowa, disse: "No futebol, assim como na vida, você precisa aprender a jogar dentro das regras."[53]

Indelicadeza está fora das regras de envolvimento.

Quando o marido trata de questões e a mulher sente que ele agiu sem amor, ela se rebela contra a ideia de respeitá-lo e, previsivelmente, parecerá desdenhosa para com o esposo. Nesta conjuntura, o homem fecha-se emocionalmente e se distancia. Ele não quer conectar-se com ela de maneira franca e aberta. Na verdade, neste momento nenhum marido teria sentimentos carinhosos e afetivos para com a esposa, pois ele acha que ela o despreza como ser humano.

Contudo, há mulheres amotinadas que gritam contra a ideia de respeitar o marido (Efésios 5:33; 1Pedro 3:1,2), rebelando-se como marinheiros no navio, prontos para lançarem o capitão ao mar. Em vez de aceitar essa regra de envolvimento — que um homem, quando sente que a esposa acredita nele e o respeita como pessoa criada à imagem de Deus, amolece e volta-se para a ela a fim de conectar-se com ela como seu melhor amigo — a mulher parte para um mantra de rebelião. "Eu não sinto respeito e não vou ser hipócrita, mostrando respeito quando eu não o sinto. Respeito é conquistado, não dado." Por certo, o desprezo é a única alternativa para ela, e nenhum ser humano responde positivamente ao desprezo, logo, ela perde a razão aos olhos dele. O marido tem necessidade de ser respeitado, independentemente de seu desempenho, assim como a mulher tem necessidade de ser tratada com respeito, independentemente de suas falhas como esposa. Mas, em lugar de ver desse modo, a mulher arqueia as costas, em uma rebelião terrível, como se ela fosse perder sua identidade e seu poder femininos caso confrontasse o marido de modo respeitoso. Então ela se rebela contra as regras de envolvimento, pois entende que está sendo comparada a um capacho para limpar os pés, nem mesmo é um tapete de "Boas-vindas". "Tanto faz", reclama, "vou me deitar para ser pisada mesmo."

Talvez seja a palavra *regra* o que faça acender sua ira. E se citássemos Franklin D. Roosevelt, que disse: "Regras não necessariamente são sagradas; princípios são"?[54] Quando você considera sagrado o compromisso de ser bondoso, amoroso e respeitoso, está operando sobre princípios sagrados. Será que não faz sentido falar para os outros a verdade necessária de modo bondoso e com clareza? É uma questão de ser uma pessoa de princípios. Como isso pode ser uma ideia opressiva e totalitária? O Rebelde precisa ser honesto consigo mesmo. Trata-se muito menos de ser controlado pelos outros e, muito mais de não conseguir se controlar.

O DESCOLADO

Emily Post disse: "Bons modos são uma consciência sensível dos sentimentos dos outros. Se você tem essa consciência, você tem boas maneiras, não importa que garfo use."[55]

Alguns acham ridículo sempre tentar comunicar-se tendo uma consciência enorme dos sentimentos dos outros, sendo sensíveis a eles. Em certa medida isso é compreensível. Algumas pessoas são acionadas emocionalmente pela menor das ofensas. Entretanto, não poucos comunicadores dos dias de hoje ganham popularidade entre o público falando de modo abusivo sobre aquelas pessoas que, em vários aspectos, julgam erradas. Isso é o que está na moda, e eles querem acompanhar as tendências. Em vez de enxergarem a própria falta de modos com as palavras como um reflexo do tipo de gente que são, eles pensam serem melhores do que essas outras pessoas, menos humanas do que eles, que merecem os comentários grosseiros.

"Mas, Emerson, existe o ditado: 'Boca de mel, coração de fel'." Eu concordo. Há uma doce polidez que cobre a agenda subversiva. Não estamos recomendando modos falsos e superficiais, mas verdadeiros e sinceros. Estamos recomendando que acabem com o falar e a escrita chulos, e que sempre se comuniquem de maneira amorosa e respeitosa. Em última análise, esse é o jeito mais efetivo de persuadir e afetar corações.

Eu suplico a você que seja o tipo de pessoa para a qual se voltaria caso estivesse em aperto. O indivíduo que sempre solta palavrão, no sujeito e objeto, não apenas mostra a limitação de seu vocabulário, mas também parece estar bravo. Durante crises, será que o pessoal procura esse tipo de gente? Você procura? De acordo com Jesus, o vocabulário revela o coração (Mateus 12:34).

Hoje em dia, muito deste linguajar, que passa dos limites, é popular, mas isso terá vida curta. Evite ceder à moda de tuitar e mandar mensagens chulas. O que agora é visto como normal, parecerá bem anormal depois. Eu tenho um amigo que fez uma tatuagem durante a Segunda Guerra Mundial, uma coisa bem comum. Ele a removeu na meia-idade. Algumas coisas se mostram fora de lugar.

Um linguajar indelicado, rude e sem modos pode ser vanguardista durante um período, mas nunca durante uma vida inteira. Aquilo que é de uso profanamente popular, logo só servirá para ser descartado. Se um filho seguir o exemplo dos pais ao adotar um falar profano e cheio de palavrões, eles mudarão suas escolhas de palavras. A linguagem importa, e você sabe disso.

A moda antiga pode ser antiga, mas ainda está na moda.

O ANTISSOCIAL

Um companheiro de trabalho o convida para uma reunião social em sua casa. Você ignora seu e-mail em vez de, graciosamente, declinar dele? Quando se cansa socialmente de alguém, você corta a amizade com ele, removendo-o da lista de amigos em sua rede social, ou simplesmente o deixa quieto? Você bloqueia seus pais para que não lhe enviem e-mails, como um modo de dizer-lhes que o estão importunando, quando a verdade é que não querer, de forma madura, comprometer-se em fazer os arranjos para as festas de fim de ano na casa da vovó?

Não querer passar tempo com os outros é sempre uma coisa horrível? Os que são introvertidos precisam se afastar da multidão. Eles se sentem sufocados e sem energia. Audrey Hepburn disse: "Eu tenho de ficar sozinha com bastante frequência. Fico bem feliz se passo sozinha, em meu apartamento, desde sábado à noite até segunda de manhã. É assim que eu me recarrego."[56] Recarregar-se para reconectar-se com as pessoas é muito compreensível e aceitável.

Mas isso difere de ficar sozinho por ser indelicado com as pessoas, empurrando-as para longe. De um modo bizarro, alguns usam a grosseria como um método para assegurar solidão e evitar a demanda social de ser amigável.

Manter o temperamento tímido não implica mostrar ódio e desprezo para com os outros, a fim de garantir um espaço para respirar. Por que desenergizar aqueles que são mais sociais, afastando-os, para garantir energia para si mesmo? Há um modo de os dois lados ganharem sem que ninguém precise perder. Que direito temos de nos beneficiar ao privarmos os outros de seu direito de receber algo de nós?

Por exemplo, sábado de manhã, você entra em um restaurante e avista um vizinho, então procura sentar-se no lado oposto do recinto, em um lugar fora de vista. Isso pode ser apropriado, mas você precisa se preparar para ser um pouquinho mais social em um ambiente público. Entrar em local público aumenta suas chances de ver alguém ou de ser visto, e demanda muita energia sempre ter de pular para se esconder atrás das moitas. Você precisa estar preparado para, ao encontrar uma pessoa que conhece, dizer "oi" e perguntar como ela está, sem se demorar e depois dirigir-se ao seu assento. Se a pessoa convidá-lo para juntar-se a ela, não se sinta culpado por, graciosamente, declinar. Apenas diga: "Obrigado pelo convite, mas esta manhã eu vou escolher um lugar quieto para colocar meus pensamentos em ordem (ou folhear o jornal, ler um livro, limpar as mensagens do meu celular ou os meus e-mails ou o que quer que seja). Mas eu agradeço muito pelo convite; é muita gentileza sua." As pessoas, em sua maioria, respeitam os motivos dos outros, uma vez que elas também já estiveram em uma situação similar. Ainda que esteja dizendo não, você está buscando ser cortês ao mesmo tempo em que é verdadeiro. Não há necessidade de soltar um "não, não posso sentar-me com você; tenho mais o que fazer". A mensagem é a mesma, mas é autocentrada e deixa de honrar a outra pessoa. O vizinho sentirá que está sendo inconveniente por perguntar. Infelizmente, algumas vezes este é o intento do antissocial: "Sendo franco, eu quis cortar logo o convite para que ele me deixasse sozinho."

O SURDO

As pessoas, porventura, lhe perguntam: "Você está bravo com alguma coisa?"? Seus familiares questionam: "O que você quis dizer naquele e-mail? Você me ama?"? Por acaso, seus colegas falam: "Pela mensagem de voz, eu tive a impressão de que você está chateado. Você está?"?

Essas perguntas podem fornecer uma pista de que, se não pretendia ser indelicado, você está surdo para seu tom de voz. Se está constantemente replicando aos outros: "O que você ouviu não foi o que eu quis dizer", então há um problema com o que você expressa e com o que escreve.

Quando se trata de interações cara a cara, uma pergunta importante a se fazer é: *Uma pessoa cega seria atraída por mim?* Os cegos ouvem o tom de nossa voz, nossa escolha de palavras e o gentil toque de nossas mãos. Eles não têm ideia da nossa aparência. Uma estrela de cinema, linda de morrer, pode safar-se depois de falar de modo indelicado ou desrespeitoso com alguém que enxerga, mas para um cego isso seria desestimulante. Que valor tem um rostinho bonito para uma pessoa cega?

Será que nós nos ouvimos? Alguém me disse: "Várias pessoas já comentaram que, em determinado momento, eu parecia estar reclamando e criticando. Elas disseram que eu tinha um tom desrespeitoso. Mas não era minha intenção. Eu não entendo. Por que interpretariam mal o meu coração, sendo que eu me importo com elas?"

Alguns têm um bom coração, são indivíduos atenciosos, mas, por uma série de razões, são surdos para ouvir o próprio tom de voz indelicado. Talvez a voz grave dessas pessoas e seu modo direto de comunicarem-se seja o que faz os outros sentirem que elas estão bravas. Ou talvez seus gritos agudos e esganiçados sejam o que faz com que eles se sintam atacados e tensos. Pode ser que a escrita franca dessas pessoas faça os outros sentirem que falta nelas compaixão e empatia. Há uma discrepância entre quem nós queremos ser e quem, de fato, somos ou, ainda, quem nós aparentamos ser ao falar e ao escrever. Mas, com autorreflexão e honestidade, você, assim como eu, pode virar a página e aperfeiçoar sua comunicação. Precisamos apenas avaliar o que estamos prestes a comunicar: *Isto será ouvido ou lido como sendo amoroso e respeitoso? Ou a outra pessoa vai, de modo incorreto, ler nas entrelinhas que eu estou aborrecido?*

As palavras que você está dizendo são apenas metade da sua comunicação. A outra metade é o que os outros estão ouvindo. Você vai ouvir o que eles estão ouvindo? Ou vai alegar obstinadamente que eles estão ouvindo coisas?

O DE FAMÍLIA

Em muitas famílias, seus membros lidam com os problemas berrando e gritando uns com os outros, e depois eles se sentem bem por um momento, até a próxima altercação. Em outras, eles ficam fechados na própria raiva até seu sistema se limpar disso, mas evitam jamais conversar sobre o conflito.

Quer estejamos falando sobre explosões de ira, quer sobre um desligamento total, esse não é um modo adequado, amoroso e respeitoso de resolver tensões sérias. Infelizmente, a maneira como nossa família de origem lida com conflito e pressão repercute em nossa vivência diária, quando adultos, na escola, no trabalho, na comunidade, na igreja ou qualquer outro âmbito.

É triste dizer, mas nós arrumamos uma desculpa. "Sinto muito. É assim que eu sou. É assim que a família de onde eu vim trata com conflito. Você precisa ficar tranquilo. Eu estou bravo, mas logo, logo já passou. Não leve para o lado pessoal, ainda que, no momento, eu esteja descontando em você. Dê-me algum tempo e eu vou seguir em frente. Estarei pronto para ir."

Eu sou um dos que poderiam usar essa desculpa. Vi meu pai tentando estrangular minha mãe. Anos mais tarde, houve momentos em que eu podia sentir a ira crescendo dentro de mim, a ira que vi em meu pai. Mas eu estava determinado a não ser como ele. Conscientemente dizia: "Não vou ser como papai."

Um homem escreveu-me:

> Eu não era bom em reagir quando alguém expressava raiva. Enquanto eu estava crescendo, minha mãe usara fúria e cólera para me controlar. Por consequência, eu interpretava que qualquer um que aumentasse a voz ou falasse alto estava irado contra mim. Especialmente as mulheres. Alguém estava ou bravo ou aborrecido ou desapontado comigo. E, em resposta, ou eu me fecharia ou responderia com raiva.

Não minimizo as predisposições que herdamos de nossa família de origem. Isso é, em certa medida, inescapável. Entretanto, predisposição não deve nunca ser entendido como predestinação. Você não está destinado a implodir ou explodir pelo fato de seu pai ou sua mãe agirem assim, e você não tem de tratar os outros do mesmo modo que seus pais o tratavam. Você não deve abraçar essa mentira. Você é livre para tomar um novo rumo e deve fazê-lo.

Além disso, dizer aos outros para "relaxar" coloca sobre eles o ônus da mudança. Não, você precisa mudar. Sua reação padrão desde a infância é um defeito desde a infância. Suas reações "de família" não servem como explicação, mas como desculpa. Quanto mais rápido assumir isso, mais rápido você será um comunicador mais efetivo. As pessoas não engolem sua desculpa de "é de família". Elas apenas o veem como louco e se afastam.

O ABUSIVO

Normalmente, o abusador verbal e emocional está cego para seu delito, principalmente porque o abuso do qual ele é culpado não é físico. Ele acerta não com punhos, mas com palavras que deixam feridas e cicatrizes emocionais. Mas o abuso verbal também mostra quão vazio e sem convicção alguém se sente sobre os méritos da questão em si mesma. Ele não acredita que palavras amáveis e respeitosas passem a mensagem. Ele tem de se tornar tóxico para depreciar e difamar. Ele se torna sem coração e agressivo.

O abusivo frequentemente sente-se inseguro, inadequado ou rejeitado. O abuso verbal lhe dá poder. A pessoa abusadora, contudo, perdeu de vista a raiz do problema, o que costuma ser o sentimento de não ser amado nem respeitado.

No empório, um ensacador deixa cair, por acidente, uma das sacolas com quatro garrafas de vinho que a cliente havia especialmente encomendado três semanas antes. As quatro se estilhaçam no asfalto. Irada, a moça o xinga. Mais tarde, ela vai a um site de avaliação de estabelecimentos comerciais escrever uma resenha:

> O serviço no Empório Pine Hills é sempre horrendo. Não faço ideia de quem supervisiona os funcionários, mas esse gerente tem uma deficiência de trabalho. Todos os ensacadores deixam as sacolas caírem, todos as caixas dão troco a menos, favorecendo a loja, e todas as prateleiras estão abarrotadas de indicação "Fora de estoque". Esse gerente precisa assumir a loja e repor as prateleiras!

Fixada nos erros, a cliente generaliza para "todos" e "sempre". A partir daí, conclui que esse funcionário não se importa com ela. Então lança seu veneno. Sua retórica áspera empata as coisas e garante uma mudança.

Suponho que, no fundo, essa pessoa sinta-se — provavelmente de modo equivocado — desrespeitada e fale palavras abusivas de ódio e desprezo. Você vê isso em si mesmo? George MacDonald registrou: "Uma besta não sabe que é uma besta, e quanto mais perto um homem chega de ser uma besta, menos ele sabe disso."[57]

O AUTOAVERSIVO

Uma mulher, que lutava contra o ganho de peso, escreveu:

> Eu estava deprimida. Odiava a mim mesma tanto pela minha aparência quanto por me haver deixado ficar daquele jeito [...] Autoaversão e medo de intimidade estavam me custando caro [...] Mas isso não me inspirava a começar a cortar os lanchinhos ou a começar a correr. Não, eu só beliscava mais enquanto sentia pena de mim mesma.

Tudo isso minava seu relacionamento com os outros. Odiar a si mesma a impedia de amar e honrar os outros. Ela estava totalmente autocentrada. Nosso coração se compadece dessa mulher em suas lutas.

Contudo, alguns têm mais do que uma atitude ruim para com os outros pelo fato de eles próprios se sentirem com excesso de peso. Para esses, a aversão interna torna-se em aversão externa. Eles reagem de modo áspero e hostil para com os outros, por causa do ódio de si mesmos. Obviamente, isso prejudica o relacionamento. A outra pessoa fica sem entender nada e se afasta. Na verdade, isso cria inimigos. "Você me odeia; então eu vou odiar você." E o ciclo continua, o que se agrava quando ambos os lados lutam com a repulsa de si mesmos. Acrescente à mistura aqueles indivíduos que sofrem de horrendas culpas por transgressões passadas. Ao se sentir sem esperança, por que não cuspir veneno sobre os outros? "De qualquer modo, ninguém me respeitaria se conhecesse meu verdadeiro eu e soubesse o que já fiz."

É caso de questionarmos se os muitos que atacam furiosamente nas mídias sociais têm, na verdade, ódio de si mesmos. Sim, eles estão aborrecidos com algum assunto, mas é mais profundo do que isso. Ao não terem respeito próprio, eles não demonstram respeito. Ao não terem amor próprio, eles não comunicam amor. Com palavras indelicadas ferem os outros, porque eles estão feridos.

O ponto é o seguinte: quando as circunstâncias em sua vida — quaisquer que sejam — levam-no a odiar-se e desrespeitar-se, você reagirá de modo grosseiro com os outros. Quão triste é você alegar que os outros o enervam quando, na verdade, você é o transgressor. Você se sente estressado, gordo, sem saúde ou algo pior. Não suporta a si mesmo, mas faz parecer como se não suportasse os outros.

POR QUE COMUNICAR ALGO BOM?

Você deve pegar todas as razões pelas quais os indivíduos se comunicam de modo grosseiro e revertê-las. As pessoas respondem positivamente a quem se recusa ser insensível, impaciente, ressentido, invejoso, intolerante, descuidado e antissocial ou intimidador, retaliador, autonomeado promotor de justiça, rebelde e abusivo. Além disso, há três bons motivos para você se comunicar de modo bondoso. Diz respeito a quem você é, a quem a outra pessoa é e a quem Deus é.

Sua comunicação bondosa mostra quem você é. Como citei frequentemente, Jesus disse que a boca fala do que está cheio o coração. Seu falar bondoso revela você como uma pessoa bondosa. Os outros podem não merecer um falar bondoso, mas não podem forçar você a tornar-se como eles. Não podem fazer você odiá-los. Você não é assim.

Você não é uma marionete manipulada pelos maus-tratos dos outros. Embora possam afetar negativamente seu coração e feri-lo, eles não controlam o que você faz e fala. Você não está enfeitiçado. Você é livre em essência. Sua resposta é direito seu e está sob o seu domínio. Os outros não geram as respostas que você dá; eles apenas revelam como você reage. Ao pisar em uma rosa, um doce aroma sobe para as narinas. Ao pisar em um gambá, um cheiro diferente sobe. A pisada foi o que causou o aroma de cada um? Ou ela apenas revelou as propriedades internas da rosa e do gambá? Quando pisam em você, revelam quem você é.

Sua comunicação bondosa reconhece que os outros são criados à imagem de Deus, e você responde de acordo com isso. Não faz diferença se você está escrevendo um e-mail, enviando um torpedo, tuitando, conversando ao telefone ou se encontrando com alguém pessoalmente. Quando a outra pessoa sente um desdém velado, ela se protege, isso quando não se fecha completamente.

As pessoas não recebem uma mensagem odiosa e desdenhosa. Deus não criou as pessoas para serem receptivas a algo assim. Quando você tempera muito levemente sua comunicação com a mensagem: "Acho você repulsivo e não o suporto", está matando a interação. Muito embora 95% da fala seja útil e saudável, um pouco de fermento azeda toda a massa. Uma pessoa de oitenta quilos precisa ingerir apenas cinco gramas de cianureto para praticamente garantir a chegada de sua morte. Uma linha de desprezo mata a maior parte da comunicação. Isso explica por que alguns são comunicadores tão eficientes. Eles se guardam, com a própria vida, daqueles 5%.

Bondade e gentileza desviam a ira. A delicadeza abranda a indelicadeza do outro. Muitos já ouviram Provérbios 15:1: "A resposta calma desvia a fúria."

Uma amiga de nossa família foi a um belo espaço público para tirar fotos. Após fotografar por alguns minutos, um homem saiu de uma casa dando ordens, gritando:

— Saia desta propriedade ou vou chamar a polícia! Suma! Agora!

Aturdida, ela sentiu o impulso de berrar de volta. Contou-me: "Eu estava pronta para falar primeiro e depois pensar. Queria gritar: 'Isto é uma propriedade pública, e que direito você tem de me falar essas coisas?!'" Em vez disso, ela rapidamente se desculpou:

— Eu não sabia que estava incomodando. Vou sair agora mesmo. Sinto muito.

O homem acalmou-se na hora e falou:

— Tudo bem, então, você pode ficar. Sem problemas.

A seguir, ele lhe disse que aquilo era propriedade pública e que ela poderia ficar lá a qualquer momento. A reação do homem foi motivada pela garotada que frequentava o lugar e usava drogas.

A nossa amiga me disse: "O que a Bíblia fala sobre a resposta calma desviar a fúria é muito verdade."

A bondade amansa os outros, o que lhes permite ouvir o conteúdo da preocupação alheia. Certa pessoa me escreveu:

> Quando compartilho com [alguém], quer seja uma questão de confrontação difícil, quer seja algo de menor importância, e vejo o semblante da pessoa caindo, eu pergunto: "Eu passei uma imagem desrespeitosa para você? Não era minha intenção. Sinto muito. Eu tenho o maior respeito por você." Isso costuma dissipar a situação [...] Quanto à [outra pessoa], percebi que ela mais prontamente vem a mim e pede perdão após ter uma explosão de raiva.

Acredito que as pessoas precisam de amor e respeito como precisam de ar para respirar. Imagine que todo mundo com quem você fala está conectado a um cilindro de oxigênio com a inscrição "Amor & Respeito". Pode ter certeza de que os outros não serão receptivos ao que você disser, se estiver pisando na mangueira de ar deles. Nessa conjuntura, a raiz do problema não é o tópico escolhido; a questão é o sentimento de que você não está de bom ânimo para com eles. Somente o ouvirão com meio ouvido.

A bondade demonstra e constrói confiança. Lembro-me de ouvir em uma aula na universidade: "Você pode ajudar-se muito se, antes de falar, perguntar a si mesmo: 'O que estou a ponto de dizer vai construir confiança ou minar confiança no relacionamento?' " A partir disso eu percebi duas coisas. A primeira delas é que eu tenho a responsabilidade de passar uma imagem que construa confiança e isso não acontece por si só. A segunda, é que, apenas quando falo de modo a construir confiança, soando amoroso e respeitoso, os outros se sentirão motivados a estarem receptivos para o que eu tenho a dizer. Quando não dou a devida importância para tratar os outros com bondade, eu não devo me surpreender ao notar que as pessoas não gostam de ficar perto de mim ou de me ouvir.

A bondade afeta as emoções, que são a chave quando se busca informar ou persuadir. Carl Jung escreveu: "Olhamos com apreço para os professores brilhantes, mas, com gratidão para aqueles que tocaram nossos sentimentos humanos."[58]

Algo tão simples quanto um bilhete de encorajamento faz bastante diferença. Uma pessoa que já não trabalhava mais para mim enviou-me uma nota de incentivo que mexeu com minhas emoções. Ela escreveu: "Isto é só uma curta mensagem desejando sucesso no lançamento do novo livro. Espero que Deus abençoe você e sua família, para que possam continuar com este trabalho maravilhoso! Atenciosamente, N." Essa nota tocou meus sentimentos, criando apreço e motivação para contratar a pessoa novamente.

A bondade mantém relacionamentos que determinam a resposta. O que destrói pontes entre os indivíduos? Vou ilustrar com uma experiência minha com um outro sujeito que desejava ser contratado por mim para uns projetos de curto prazo. Nós tivemos ótimas interações, mas eu decidi por um rumo diferente.

Inesperadamente, eu soube do moço. Ele expressou para mim que estava aborrecido com o desenrolar dos acontecimentos e porque eu não o contratei. Ele sentiu que o trabalho já estava no papo e alegou que me deu mais informação do que normalmente daria, porque achou que já tivesse conseguido o emprego.

Sua declaração de que estava aborrecido desconectou-me dele de imediato. Eu também fiquei triste pelo moço, por ele não haver se expressado de forma diferente. Ele poderia ter dito:

> Ah, como fiquei desapontado com o desenrolar dos acontecimentos. Eu estava tão empolgado para trabalhar neste projeto com você. Estou triste de verdade. De fato, eu presumi demais e forneci mais do que geralmente faço. Mas espero que minha contribuição se mostre útil. Se algo que eu tenha deixado de fazer causou essa mudança, gostaria do seu parecer. Com certeza apreciaria se você avaliasse o meu desempenho. Obrigado!

Uma comunicação assim me motivaria a considerá-lo no futuro. Ele estaria construindo e não destruindo uma ponte.

Relacionamento determina resposta. Quando você está aborrecido e expressa esse sentimento, envia aos outros a mensagem considerando que eles estão errados. Talvez estejam; mas, se há uma diferença honesta de opinião, em uma área nebulosa, você precisa mover-se com leveza, caso deseje manter um relacionamento significativo.

Sua comunicação bondosa demonstra quem Deus é. De acordo com Jesus, Deus Pai é bondoso para com você. Então, como você pode não ser bondoso para com os outros? É simples assim. Certo, Deus é perfeito e você não é. Você falha, enquanto ele nunca falha, mas o Senhor o chama a imitá-lo.

Há um princípio importante, desdobrado por Jesus em seus ensinamentos: trate os outros como Deus o trata. Você é, por exemplo, repetidamente chamado a perdoar os outros, porque Cristo o perdoou. Um motivo convincente para comunicar-se de modo gentil com os outros tem pouco a ver com a outra pessoa e tudo a ver com você enxergar que essa pessoa lhe dá a oportunidade de seguir o exemplo dado por Deus.

Escreveram-me:

> Eu estava perguntando para Deus: "Como é possível demonstrar amor e respeito para com uma pessoa perniciosa, má e indiferente?" E o Senhor falou ao meu coração: "Já estive nessa situação, sei como você se sente, pois eu morri por você. Eu demonstrei amor e respeito para com você." Oh, uau, que revelação! A questão não era: "Será que estão tratando-me corretamente?", mas: "Será que eu estou vendo este relacionamento como Deus vê, e tratando essa pessoa como Deus me trata?"

Outro rico aspecto é que Deus está presente e você pode confiar nele durante os momentos difíceis. Tenho encorajado as pessoas a ouvirem o chamado de Cristo para fazerem o que deve ser feito como se fosse para ele. Jesus disse que, como você fez a um dos pequeninos, assim fez para ele. Eu imagino ver, por sobre o ombro da outra pessoa, Jesus em pé, atrás dela. Alguém escreveu:

> Imaginar que eu olho além da outra pessoa e vejo Cristo era exatamente o que eu precisava; sabendo que segurar minha língua e ter autocontrole sobre minhas respostas não é só por amor e respeito à outra pessoa, mas também em obediência a Deus. Que revolucionário! *Dã!* Para mim, ser lembrada de que meu maravilhoso e poderoso Deus está olhando diretamente para mim quando eu falo palavras indelicadas [...] era o que eu precisava ouvir.

COMO RESPONDER AOS QUE COMUNICAM ALGO INDELICADO?

O INTIMIDADOR diz:

— Quando sou desprezível, a coisa funciona. Quando intimido, sai do meu jeito.

Você responde:

— Será que a intimidação é o único caminho para você conseguir garantir o que quer? Penso que falta em você confiança de que seu caráter honrado possa me motivar.

O RETALIADOR diz:

— Sou malvado apenas quando os outros são grosseiros comigo, é olho por olho.

Você responde:

— Por favor, perdoe-me por qualquer grosseria. Não foi intencional. Mas sua reação parece uma pena maior do que meu crime. Eu estou entendendo errado?

O FRANCO diz:

— Eu não sou áspero, só brutalmente honesto ao dizer aos outros o que eles não querem ouvir.

Você responde:

— Talvez eu seja defensivo e hipersensível. Eu me declaro culpado. Mas talvez você seja ofensivo. Não quero exagerar, mas verdade sem amor pode ser comparado a uma cirurgia de coração sem anestesia.

O INSENSÍVEL diz:

— Não sou de chorinho e segurar mãozinha. O fracote tem de criar casca.

Você responde:

— Eu recorro a você porque valorizo sua compreensão. Não estou brincando de me fazer de coitadinho. Não estou tentando ser patético quando busco sua ajuda.

O IMPACIENTE diz:

— Eu não tenho tempo para saudações educadas, preciso ir direto ao ponto.

Você responde:

— Antes que vá direto ao ponto, você pode me dar uma rápida ideia dos seus sentimentos? Eu não quero interpretá-lo mal, como se você estivesse descontente comigo.

O VENCEDOR diz:

— Para vencer, posso mentir e manchar a competição. Meu fim justifica meus meios.

Você responde:

— Não tenho problema com competição. Nós dois somos os melhores nisso. Mas sucesso sem honra é sucesso sem significado. É errado que eu espere de você que seja honrado?

O RESSENTIDO diz:

— Eu fui desonrado e injustamente tratado. É, sou grosso e agressivo.

Você responde:

— Como você pode estar ofendido pela grosseria dos outros e esperar que eu não me ofenda com a sua? Isso é um pouco degradante e injusto para mim, não é?

O CONDICIONAL diz:

— As pessoas que não ganham meu respeito não o merecem. Ponto.

Você responde:

— A cultura grita: "O respeito é conquistado!" Certo, mas o que acontece quando alguém não o conquista? Mostrar desprezo não motivará o coração a mudar.

O DERROTADO diz:

— Mostrar bondade não faz voltar bondade. Tem efeito contrário. O problema deve ser comigo.

Você responde:

— Sua bondade reflete quem você é, independentemente dos outros. Se eles mostram um coração frio como resposta ao seu coração caloroso, isso é um problema deles, não um fracasso seu.

O INVEJOSO diz:

— A vida é injusta comigo. Eu não tenho o que os outros têm. Sem dúvida que estou descontente.

Você responde:

— Concordo. Parece injusto quando os outros têm mais. Mas não deixe que isso faça você se tornar uma pessoa desprezível. Ninguém tem tudo o que quer e todos nós temos muito mais do que merecemos.

O INTOLERANTE diz:

— Eu detesto e não engulo aqueles com convicções incompatíveis com as minhas.

Você responde:

— Somos livres para rejeitar as crenças que julgamos falsas. Mas não devemos odiar a pessoa que acredita nelas. Não ganharemos o coração dela e apenas a indisporemos para nossas reivindicações sobre a verdade.

O DESCUIDADO diz:
— De verdade, eu estou preocupado com umas coisas e inadvertidamente feri os outros pela minha negligência.
Você responde:
— Alegro-me por você não ser maldoso. Mas não seja como o cara que diz: "Nunca bati na minha mulher", quando o problema real é que ele nunca mostrou que a amava.

O ACIDENTAL diz:
— Não queria ser insensível ou frio. Eu só estava aborrecido.
Você responde:
— Eu me identifico. Também tenho esses momentos. Mas o salto inadvertido que você dá deixando de ser o ofendido e passando a ser o ofensor ainda é falta de bondade. Tire um tempo para pensar antes de reagir.

O REBELDE diz:
— Eu não suporto regras me dizendo para ser bondoso. Vou ser do jeito que eu quiser.
Você responde:
— Quando pessoas autoritárias criam regras injustas, questione a autoridade. Mas a regra de falar com bondade é nobre, porque hostilidade e desprezo não trazem a paz.

O DESCOLADO diz:

— As pessoas precisam superar os problemas e ir se acostumando. Agora é assim que nós falamos e trocamos mensagens.

Você responde:

— Humor inocente é uma coisa, mas sarcasmo, zombaria e maldade contra qualquer um mancha a sua reputação e rompe relacionamentos. Bons modos ainda são importantes.

O ANTISSOCIAL diz:

— Quero ser deixado em paz, então eu afasto as pessoas. Não quero ser incomodado.

Você responde:

— Se você busca autonomia, não afaste as pessoas com modos rudes. Diga educadamente: "Eu preciso ficar sozinho. Obrigado pela compreensão. Você é gentil." Elas vão responder muito melhor.

O SURDO diz:

— Acho que os outros estão ouvindo coisas. Eu não ouvi indelicadeza nenhuma na minha voz.

Você responde:

— As pessoas, por acaso, estão perguntando se você está bravo, se você as ama ou por que você é indelicado? Se você parece e soa indelicado, elas têm o legítimo direito de pensar que você o é. Ouça como você soa.

O DE FAMÍLIA diz:

— As pessoas precisam ficar tranquilas. É assim que, na minha família de origem, reagimos em conflitos.

Você responde:

— Você herdou de seus pais um estilo de resolução de conflitos que envolve berrar raivosamente um com o outro. Entendo, mas eu não respondo bem, de modo algum, quando você grita comigo.

O ABUSIVO diz:

— Não sou abusivo, e qualquer idiota que disser o contrário deve ficar de olho aberto.

Você responde:

— Quando uma pessoa nega ser abusiva, e então tem uma reação abusiva, ela confirma a acusação. É como um bêbado falando enrolado: "A taxa de sangue no meu álcool não é esta."

O AUTOAVERSIVO diz:

— Quando estou estressado, fora de forma e com sobrepeso, eu reajo. Não gosto de mim.

Você responde:

— Eu pergunto por que você está tão deprimido hoje, e você responde: "Não gosto de mim. Eu me sinto gordo e estressado." Eu sinto muito por você não se amar, mas eu me importo com você e, quando você me afasta com sua atitude agressiva, não pode ser ajudado em nada.

CONCLUSÃO

É uma pena, mas esse falar de modo sempre bondoso e respeitoso simplesmente não é a maneira do mundo. Todos os dias vemos políticos tuitando ofensas sobre seus oponentes, amigos descascando os chefes no Facebook, amantes de esportes entrando em discussões acaloradas sobre os técnicos e jogadores que "arruinaram a vida dos fãs" com as últimas decisões e partidas em campo. Sendo completamente honesto, algumas vezes nos sentimos como eles. Mas seríamos sábios se nos lembrássemos das palavras do apóstolo Paulo que pessoalmente lidou com judeus, romanos e mesmo cristãos que oscilavam entre apenas discordar das decisões do apóstolo e querer prendê-lo e matá-lo. Ele escreveu: "O seu falar seja *sempre* agradável e temperado com sal" (Colossenses 4:6).

Sempre. Agradável.

Não apenas quando alguém concorda com você. Não apenas quando eles são bondosos primeiro. Não apenas quando você tem algo a ganhar por ser bondoso. Mas, sempre.

Não se trata da outra pessoa. Trata-se de você, independentemente da outra pessoa.

CAPÍTULO 3

Isto é necessário?

MEDITAÇÃO NAS ESCRITURAS SOBRE UM DISCURSO NECESSÁRIO

"**Tempo de calar e tempo de falar.**"

(Eclesiastes 3:7, grifo nosso)

"Quando são **muitas as palavras,** o pecado está presente, mas quem controla a língua é sensato."

(Provérbios 10:19, grifo nosso)

"Do **muito falar** nasce a prosa vã do tolo."

(Eclesiastes 5:3, grifo nosso)

"**Quanto mais palavras, mais tolices,** e sem nenhum proveito."

(Eclesiastes 6:11, grifo nosso)

"Você já viu alguém que **se precipita no falar**? Há mais esperança para o insensato do que para ele."

(Provérbios 29:20, grifo nosso)

"Porque, como na multidão dos sonhos **há vaidades**, assim também **nas muitas palavras**."

(Eclesiastes 5:7, ACF, grifo nosso)

"Os lábios do insensato o destroem. No início as suas palavras são mera tolice, mas no final são loucura perversa. Embora **o tolo fale sem parar**, ninguém sabe o que está para vir."

(Eclesiastes 10:12-14, grifo nosso)

"Mas eu lhes digo que, no dia do juízo, os homens haverão de dar conta de **toda palavra inútil** que tiverem falado."

(Mateus 12:36, grifo nosso)

"Se alguém se considera religioso, mas não **refreia a sua língua**, engana-se a si mesmo. Sua religião não tem valor algum!" (Tiago 1:26, grifo nosso)

"Não haja obscenidade, nem conversas tolas, nem gracejos imorais, **que são inconvenientes**, mas, ao invés disso, ações de graças."

(Efésios 5:4, grifo nosso)

"Nenhuma palavra torpe saia da boca de vocês, mas apenas a que for **útil** para edificar os outros, **conforme a necessidade**, para que conceda graça aos que a ouvem."

(Efésios 4:29, grifo nosso)

"A **palavra proferida no tempo certo** é como frutas de ouro incrustadas numa escultura de prata. Como brinco de ouro e enfeite de ouro fino é a repreensão dada com sabedoria a quem se dispõe a ouvir."

(Provérbios 25:11,12, grifo nosso)

"Dar **resposta apropriada** é motivo de alegria; e como é bom um **conselho na hora certa!**"

(Provérbios 15:23, grifo nosso)

"Quem tem conhecimento é **comedido no falar**, e quem tem entendimento é de espírito sereno."

(Provérbios 17:27, grifo nosso)

"Quem **guarda a sua boca** guarda a sua vida, mas quem fala demais acaba se arruinando."

(Provérbios 13:3, grifo nosso)

"Quem é **cuidadoso no que fala** evita muito sofrimento."

(Provérbios 21:23, grifo nosso)

"Até o insensato passará por sábio, se **ficar quieto**, e, se **contiver a língua**, parecerá que tem discernimento."

(Provérbios 17:28, grifo nosso)

"Meus amados irmãos, tenham isto em mente: Sejam todos prontos para ouvir, **tardios para falar** e tardios para irar-se."

(Tiago 1:19, grifo nosso)

"Senti que era **necessário escrever-lhes**."

(Judas 1:3, grifo nosso)

"Porque aquilo que eles fazem em oculto, **até mencionar é vergonhoso**."

(Efésios 5:12, grifo nosso)

UMA BREVE LISTA DE PONDERAÇÕES PARA COMEÇAR

Você deveria dizer alguma coisa ou deveria refrear-se de comentar? Bem, Eclesiastes 3:7 ajuda a lembrar que há "tempo de calar e tempo de falar." Ou seja, você precisa determinar se este é um momento de ficar quieto ou de falar o que está em seu coração e sua mente.

O apóstolo Paulo dá uma pista ao escrever:"Nenhuma palavra torpe saia da boca de vocês, mas apenas a que for *útil* para edificar os outros, *conforme a necessidade*, para que conceda graça aos que a ouvem" (Efésios 4:29). Em outras palavras, quando a outra pessoa precisa ouvir algo e você consegue transmiti-lo de modo saudável e inspirador, então é necessário que o comunique.

Antes de entrar no cerne do que é comunicar o necessário, comece com uma pequena lista de ponderações para ajudá-lo a responder se determinada coisa é necessária.

- "Se é algo falso, indelicado ou incerto, então *não*, eu não vou comunicá-lo." Quando é que será necessário dizer uma mentira, uma maldade ou algo confuso?
- "Se a outra pessoa precisa ouvir a verdade, e eu posso comunicá-la bondosa e claramente, então *sim*, eu vou falar. Por me importar com a verdade e por me importar com o próximo, eu vou, corajosa e gentilmente, pronunciar-me de modo que ele entenda. Não permanecerei em silêncio." Embora este livro alerte contra um falar sem pensar, um outro lado dele assevera que, quando se conclui que alguém está precisando da luz da verdade, e que é possível expressá-la com amor, respeito e coerência, então ela deve ser comunicada. Você deve se manifestar em prol da verdade e em prol da outra pessoa.
- "Se é algo *verdadeiro*, mas não é o tempo certo, eu vou *esperar*." Você pode ter de esperar porque, por exemplo, o outro não está pronto para ouvir hoje, por ter ficado acordado a noite inteira e precisar descansar. Ou você necessita esperar até conseguir comunicar-se face a face, em vez de conversar por telefone. Uma regra básica é: na dúvida, espere 24 horas. Quando estiver chateado e sentindo que não está em seu estado normal, postergue a decisão de dizer algo por escrito por, pelo menos, um dia.

O CERNE DA COMUNICAÇÃO NECESSÁRIA

Como já citei, Jesus disse em Mateus 12:34: "Pois a boca fala do que está cheio o coração." E o Senhor prosseguiu dizendo: "Mas eu lhes digo que, no dia do juízo, os homens haverão de dar conta de toda palavra inútil que tiverem falado. Pois por suas palavras vocês serão absolvidos, e por suas palavras serão condenados" (v. 36,37). Palavras descuidadas e inúteis brotam de um coração desinteressado.

★★★★★

Um bom modelo da prática de pensar para não falar algo desnecessário veio da minha mãe. Meus pais divorciaram-se quando eu tinha um ano de idade, decidiram retomar a relação, e então se separaram novamente por cinco anos. Muito embora pudesse, enquanto me criava sozinha, ter desabafado e feito papai de bode expiatório, eu aprecio o fato de minha mãe não ter feito isso. Ela expressou, posteriormente, que era desnecessário eu ouvir aquelas coisas. O foco de mamãe era os outros. Por causa de seu coração amoroso para comigo, ela procurava atender minhas necessidades com suas palavras. Devido ao seu cuidado, ela não descuidava das palavras. Minha mãe esquivou-se de comunicar uma informação que sabia ser desnecessária, muito embora ela pudesse ter se sentido melhor depois de falar.

Refletindo sobre minha mãe, que agora está no céu, não me lembro de ela ter feito nenhuma das coisas a seguir. Ela sabia o que era necessário e o que não era. Mamãe não era perfeita, mas era madura.

No trato comigo, ela nunca:

- passou-me muita informação a ponto de me sobrecarregar ou de me fazer ignorá-la;
- explodiu de raiva nem despejou ameaças vazias;
- fez um comentário verdadeiro na hora errada, pegando-me desprevenido ou me encurralando;
- insistiu em fazer perguntas que ela sabia que invadiam minha privacidade;
- ficou remoendo algo que a aborrecera;
- sentiu pena de si mesma, não me procurou, ou a qualquer outro, para escutar suas reclamações;
- achou que, por se preocupar comigo, pudesse dizer qualquer coisa, a qualquer hora, como se preocupação justificasse imprudência;
- detestou o silêncio a ponto de encher o ambiente com uma tagarelice vazia só para ouvir a própria voz;
- aumentou ou exagerou algo;
- interrompeu-me, como se o que ela tivesse a dizer ganhasse de qualquer coisa que eu tivesse a dizer;
- resmungou sobre prazeres não satisfeitos; e
- procurava coisas para somar a uma pilha de críticas.

Agradeço a Deus por minha mãe haver trabalhado para dizer apenas o necessário. Ela fez isso porque tinha um coração bom e com discernimento.

A REGRA DE OURO DA COMUNICAÇÃO NECESSÁRIA

Como a Regra de Ouro se aplica às palavras desnecessárias?

Não gostamos de pessoas que falam, falam e falam, exaustivamente, contando coisas nossas a outros que não tinham o direito de saber, revolvendo o mesmo episódio sobre nós, nunca perdoando nem esquecendo, sentindo uma obsessão compulsiva de encher o silêncio com o som da própria voz, e que ficam despejando julgamentos contra nós, que nos afogam emocionalmente. Sendo assim, por que, então, ousaríamos falar dessa maneira em se tratando dos outros?

Não gostamos de pessoas que explodem em ira para sentirem-se bem e para tentar nos mudar, que choramingam sobre seus sonhos carnais não realizados, que roubam a atenção nas conversas por nos acharem tediosos e que disparam suas misérias avolumadas para qualquer um que ceda meio ouvido. Sendo assim, por que, então, nos comunicaríamos desse modo?

Não gostamos de pessoas que policiam constantemente nossas atividades para nos pegar, confrontar e controlar quando erramos; que fazem muitas perguntas invadindo nossa privacidade e aumentando a própria curiosidade egoísta de saber; que se esquivam de nossos questionamentos honestos, para evadirem-se de abordar o problema essencial; e que trazem à baila assuntos inconvenientes e desagradáveis. Sendo assim, por que, então, faríamos tal coisa?

Não gostamos de pessoas que têm uma habilidade bizarra de, costumeiramente, dizer a coisa certa na hora errada, começando a falar antes de captarem o real interesse de nosso coração, recitando clichês de mãe, o que nos faz sentir-nos como criancinhas, interrompendo-nos quando estamos atentamente envolvidos com outra pessoa porque sentem ter um chamado divino para nos passar sermão, como um homem careca vendendo tônico capilar. Sendo assim, por que, então, nós nos expressaríamos desse jeito?

POR QUE COMUNICAMOS ALGO QUE NÃO É NECESSÁRIO?

Vinte descrições nos ajudam a discernir as razões pelas quais cruzamos a linha e repassamos informações desnecessárias e, muitas vezes, indesejadas. Por favor, considere se você é retratado em algum dos indivíduos a seguir e, então, leia o breve comentário sobre discurso desnecessário relativo a esse tipo de pessoa.

Se alguém, suavemente, repreende-o observando: "O que você está dizendo e fazendo não é necessário", isso provocaria qual das seguintes razões apresentadas? Em outras palavras, a racionalização na sua mente para comunicar-se desse modo assemelha-se a que tipo de perfil?

A PESSOA COM EXCESSO DE INFORMAÇÃO: Acho que forneço informações úteis, mas algumas pessoas acham que eu as faço se sentirem soterradas.

O VULCÃO: Tenho de ventilar meus sentimentos reprimidos, não é saudável conter minha negatividade.

O VULGAR: Eu reconheço, minhas palavras são de mau gosto, mas os outros não deviam ser tão pudicos.

O INOPORTUNO: O que eu falei era verdade; não importa se foi na hora errada e no lugar errado.

O FOFOQUEIRO: Preciso ser o primeiro a saber e contar, embora, eu suponho, algumas dessas coisas não sejam da minha conta.

O BISBILHOTEIRO: Se não sei os detalhes eu tenho de me meter para viabilizar o avanço da minha causa.

O CANHÃO DESCONTROLADO: Sim, eu articulo coisas descabidas, sem pensar, mas sem maldade.

O PÉSSIMO OUVINTE: Admito, escuto com meio ouvido, até eu poder dizer o que quero.

O REMOEDOR: Preciso voltar no assunto, de novo. Não posso largar e seguir em frente até que eu me sinta bem.

O COITADINHO: Eu tenho tristezas, *tá*? Procuro por qualquer um que escute meus fardos.

O ESPIÃO: Não vejo isto como espiar, mas como monitorar os erros para ajudar as pessoas a melhorarem.

O MAMÃE: Se os outros não estão me ouvindo, falo do mesmo jeito, porque eu me importo com eles.

O TAGARELA: Detesto silêncio, por isso o ocupo com qualquer coisa que eu esteja pensando na hora.

O EXAGERADO: Sendo franco, para despertar empatia e mudança em alguém, eu exagero demais a realidade.

O INTERRUPTIVO: O povo fala que eu interrompo desnecessariamente, mas o que eu digo é importante.

O RECLAMÃO: Quando não consigo o que quero, fico infeliz e acho que tenho o direito de me queixar.

O DISTRAÍDO: Eu me recuso a ser colocado na berlinda, então desvio o assunto com coisas sem relação.

O CENTRO DAS ATENÇÕES: As outras pessoas são quietas e monótonas, por isso eu busco voltar as atenções para os meus interesses.

O EMPILHADOR: Quando estou chateado, eu penso em mais uma coisa e falo; não fujo do tópico.

O QUE NÃO ORA: Talvez eu devesse esperar quietamente em oração, mas sinto que eles precisam ouvir isto agora.

A PESSOA COM EXCESSO DE INFORMAÇÃO

Ao longo dos anos, tenho recebido centenas de e-mails de cônjuges que despejam um caminhão de informações. Eles me contam que têm um casamento ruim, em seguida, falam do problema de saúde da mãe, da irresponsabilidade do dono da casa, da fuga do cachorro, do mecânico que cobrou demais, do médico que não vai vê-los por mais de três meses, do ganho de peso, da necessidade de um convênio médico melhor e por aí vai. Embora saiba que o coração deles está no lugar certo, eu paro de ler. Não consigo absorver toda a informação desnecessária. Tem informação demais!

Geralmente a pessoa com excesso de informação é inteligente, mas insegura ao extremo. A insegurança a incita a fazer com que o outro a entenda completamente. Por tal razão, este indivíduo precisa se questionar: *Quanto é necessário para eu me fazer entendido?* E, quando não souber responder, escolha dar uma pequena quantidade de informação e pergunte ao outro se precisa de mais. A melhor coisa para alguém com excesso de informação é lembrar que menos é mais.

Outras pessoas desse tipo não são inseguras, mas ainda dão informação demais. Em reuniões do conselho nas organizações que dirigi, algumas vezes eu elaborava longamente uma proposta e apresentava muita informação. O meu desejo, de que os membros do conselho entendessem meu raciocínio e posição, a fim de debatermos, mas isso tinha efeito contrário, porque a avalanche de informações tornava-se muito para eles absorverem de uma vez.

Eis um indício de que somos pessoas com excesso de informação: enquanto estamos conversando, notamos que alguns indivíduos olham para o relógio ou celular? Já ouvimos de alguém: "Bom, isto é tudo. Peguei. Obrigado"? Os outros levantam-se e saem da sala enquanto falamos? Nosso chefe diz: "Comece apenas com uma síntese de uma página e, se quisermos mais, nós pediremos"?

Certo sujeito escreveu-me contando que despertara, percebendo que era alguém com informação demais, e que se comprometera a reformar-se. Ele disse: "Meu novo mote tácito, pelo qual luto para viver, é: 'Simplifique, idiota!'" Talvez: "Seja breve, idiota!" seja um lema melhor. Seria ótimo se a pessoa com excesso de informação pensasse nesse conselho antes de enviar algo.

O VULCÃO

Erupções vulcânicas acontecem ao telefone, quando um membro da família o acusa de não se importar e até mesmo mentir; quando você responde um e-mail de alguém que acaba de driblar sua autoridade; conversando com um colega de trabalho que critica novamente seu trabalho; ou quando você tuíta sobre um candidato que não atura. Ao se aborrecerem, alguns expelem lava incandescente.

Conheci homens com sérios problemas de ira, que explodiam com aqueles à sua volta, mas depois se sentiam ótimos e esperavam que os outros que ficaram torradinhos dissessem: "Ei, sem problema. A gente entende completamente."

Quando se torna um vulcão, as pessoas, em sua maioria, se fecham para você e ficam ressentidas. Você ouve dizerem: "Eu tenho de pisar em ovos perto dele." Elas o veem como imprevisível, emotivo e irracional quando ficam feridas, frustradas, confusas, bravas, temerosas ou ofendidas. Se elas o contratam, por fim o descontratam. Na mídia social, as pessoas ignoram o que você escreve, porque a lava passa do ponto.

Você pode mudar? Com certeza!. Uma mulher escreveu-me após reconhecer suas tendências vulcânicas. Ela disse: "Agora, estou suficientemente consciente para parar e pensar quando me vejo querendo dizer coisas geradas pela minha frustração. Não solto mais os cachorros. Eu penso sobre a impressão que vou passar."

Essa mentalidade vem bem a calhar antes de você enviar alguma coisa!

O VULGAR

Acho estranho que indivíduos bons e decentes, por alguma razão desconhecida, sentem que serão mais populares se fizerem as pessoas rir de seus comentários baixos ou de bobagens cruéis. Infelizmente, suas piadinhas sem refino não contribuem com a discussão, eles só estão tentando ser engraçados. A maioria dos que os ouvem acha de mau gosto.

A mera tolice pode ser um problema. Sei de um homem que perdeu o emprego porque não parava com as brincadeiras, como imitar atores e repetir falas de seriados. Nunca foi sujo, só imbecil. Ele recebeu várias advertências formais de seus superiores, dizendo que tal frivolidade era uma conduta inapropriada para sua posição profissional e instruindo-o a parar. O homem não atentou para esses conselhos, e seus serviços foram dispensados. Lamentavelmente, ele era um cristão que conhecia este trecho das Escrituras: "Não haja obscenidade, nem conversas tolas, nem gracejos imorais, que são inconvenientes, mas, ao invés disso, ações de graças" (Efésios 5:4).

Alguém, por favor, diga-me: por que existem sujeitos que insistem nisso, sendo que não é necessário? E, pior, por que eles alegam que os outros são pudicos, quando todos os fatos mostram que o problema é a falta de pudor deles próprios? Isso é vulgarmente típico.

O INOPORTUNO

Qual minha intenção ao dizer que algo é verdadeiro, mas desnecessário de ser dito naquele momento? Os pais sabem. Se uma filha está comendo demais, é verdade que ela precisa de orientação sobre por que deveria diminuir a quantidade de sobremesa. Entretanto, os pais não lhe dão essa orientação na frente dos outros filhos. É capaz de um dos irmãos caçoar dela ou soltar comentários indelicados. Se fossem ditas naquele momento, aquelas palavras, por causa da orientação inoportuna dos pais, ficariam gravadas na alma da filha pelos próximos setenta anos. Há tempo e lugar para comunicar uma informação.

Um marido, que trabalha em um escritório, ausentou-se para ajudar um amigo a fazer sua mudança. Ele está exausto. Naquela mesma hora, a esposa teve um bate-boca com o filho adolescente e está sobrecarregada. Ela se sente um completo fracasso e mal pode esperar o marido chegar em casa para poderem conversar. Enquanto ele está entrando pela porta, a mulher dispara a explicar o que aconteceu com o filho. Mas, depois de poucos minutos de relatório, o marido diz:

— Desculpe, querida. Podemos conversar sobre isso amanhã de manhã?

Ela reage:

—Não, eu preciso conversar agora. Isto está me arrasando!

Tecnicamente, ela não está errada em achar que precisa falar, tampouco está ele por não aguentar mais de sono. Sua exaustão se sobrepõe à necessidade dela de conversar naquele momento. É preciso reconhecer que a informação verdadeira comunicada na hora errada geralmente se mostra inútil.

Você está prestes a enviar alguma informação sem ter certeza de que este é o tempo certo de comunicá-la? Sim, é verdade, e pode ser bom, mas será que chegará em uma hora tão ruim que a pessoa se fará de surda para a verdade e a bondade porque achará que você está se impondo sobre ela e sobre a situação? Como muitos já ouviram: "O momento certo é tudo." Se você está incerto sobre esta ser a melhor hora, aguarde. Mande o e-mail para os rascunhos e volte a ele quando você tiver certeza quanto ao momento. As palavras certas na hora errada não parecem certas para quem as ouve.

O FOFOQUEIRO

Esse tal diz: "Eu tenho uma informação que você não tem. Veja-me como o primeiro a contar. Tenho uma notícia quente de primeira mão. Sei dos assuntos dos outros para contar para eles."

Algumas fofocas podem se tornar maliciosas. Ao tratar do desempenho de um empregado de quem não gosta, o gerente fala para o CEO da companhia: "Bem, você não sabe, mas este rapaz está metido com drogas e a esposa dele está saindo com outro homem." O superior, então, se pergunta: *Será que esse gerente tem a língua solta? Posso confiar nele com informações confidenciais? Se ele me conta coisas que eu não deveria saber, será que ele vai contar para os outros coisas sobre este negócio que eles não deveriam saber?*

Todos nós já ouvimos: "Há coisas que é melhor não dizer." Para auxiliá-lo em discernir o que é melhor não ser dito, uma boa regra geral é: "Não repita nenhuma informação abaixo da qual você não assine o próprio nome." Um pastor amigo meu carrega por aí uma ficha de papel e, quando começam a fofocar, ele toma nota do que estão contando, e depois diz que vai até a pessoa sobre a qual estão falando para relatar-lhe o que está sendo dito. Os falatórios pararam de chegar a ele, pois ninguém queria responsabilizar-se pelo boato.

Outra regra geral: "Seja parte da solução, não do problema." Esse pastor também diz para o fofoqueiro: "Estamos indo até essa pessoa sobre a qual você está falando para perguntar-lhe se é verdade e, se for, para saber o que podemos fazer para ajudar. Vamos ser parte da solução neste assunto."

O BISBILHOTEIRO

Um interesse cuidadoso nas atividades diárias dos outros é algo bom, mas ser questionador demais é inapropriado, visto que é uma invasão de privacidade e pode ser fruto de uma trama não saudável.

Aqueles que bisbilhotam não se veem como bisbilhoteiros. Eles se acham interessados. Sarah, minha esposa, conta das vinte perguntas que, todos os dias, fazia ao nosso filho David, após a escola, quando ele estava na quinta série. Depois de uma semana nesse regime, ele falou: "Mãe, é igual todos os dias. Se qualquer coisa mudar, eu informo você." Como toda mãe, Sarah queria conectar-se com o coração do filho. Ela se importava. De sua perspectiva maternal, isso somente aconteceria por meio de conversas. Mas, como David não conversava com Sarah como ela ansiava que o fizesse, a mãe se sentia compelida a fazer perguntas para extrair algo dele. Em meu livro *Mother & Son* [Mãe e filho], abordo o que uma mãe pode fazer em situações assim. Ela precisa se perguntar: *estou bisbilhotando ou me conectando? Meu filho vai sentir-se desconfortável, ou minhas perguntas parecerão mais uma investigação para descobrir informações sobre ele a fim de criticá-lo do que uma conversa amigável?* No mínimo, a mãe precisa assegurá-lo de que essa não é sua motivação.

Alguns de nós bisbilhotam porque não aguentam não saber. Pode ser que sejam fofoqueiros, e é desse modo que desvendam o desconhecido. Alguns forçam as outras pessoas para além dos limites com os quais elas se sentem confortáveis. Bisbilhotam por informação com um membro do conselho da igreja, bombardeando-o com centenas de perguntas sobre quem o conselho talvez contrate como novo líder de louvor, e querem usar esses dados para se adiantar e reunir apoio contra o candidato, se não gostarem dele. Bisbilhotam para obter com um membro da equipe de gerenciamento informação sobre o pacote de compensação, a fim de criar uma chuva de reclamações fazendo resistência, caso o pacote seja menor do que o requerido. Sempre que há conflito no ar sobre assuntos que lhes interessam (Provérbios 26:17), sentem-se confortáveis em se meter.

Fuxicam para promover seus interesses. Por exemplo, enviam um e-mail com perguntas revestidas de aparente inocência, mas estão se metendo como uma alavanca abrindo a tampa do pote de uma informação que pretendem usar para sua agenda egoísta. Criam problemas com os dados, na esperança de conseguir o que querem. A Bíblia refere-se a esses indivíduos como "quem se intromete em negócios alheios" (1Pedro 4:15). Esse tipo de pessoa não se conduz de modo claro e honesto, mas, de maneira inapropriada, cruza a linha para uma operação secreta. É necessário refletir, não iludir.

Antes de apertar o botão para enviar (pensando metaforicamente), faça este questionamento: *por que estou fazendo tantas perguntas?*

A bisbilhotice tem conexão com seu "medo de ficar por fora"? Tiffany Bloodworth Rivers diz:

> Pelo fato de *podermos* estar tão conectados, muitos sentem que *têm de* estar conectados o tempo todo. De fato, é um problema psicológico real, FOMO (do inglês, "medo de ficar de fora"), crescente entre membros de nossa sociedade, que sentem uma compulsão para saber o que está acontecendo, para comunicar-se ou para compartilhar informação com qualquer pessoa, em todo lugar, sobre qualquer coisa.[59]

Isso alimenta a propensão à bisbilhotice.

Você é um bisbilhoteiro? Deixe-me perguntar: se um vizinho cavasse um buraco no quintal dele tarde da noite, isso deixaria você pirado até que soubesse o motivo?

O CANHÃO DESCONTROLADO

Segunda-feira, em uma reunião de doze pessoas da diretoria, na Gráfica ABC, Patti comenta: "Cindy não está trabalhando hoje. Ela tirou um dia de folga porque descobriu na sexta à noite que o marido está tendo um caso com a secretária."

A informação é verdadeira, clara e enunciada como fruto de empatia e amabilidade para com Cindy, que é uma boa amiga de Patti. Contudo, é algo desnecessário. A informação não tem nada a ver com o assunto daquela reunião, não é assunto daquele pessoal. Infelizmente, isso se torna combustível para fofocas, descredita o marido, que poderia estar se arrependendo naquele exato momento e ameaça a promoção para a qual Cindy estava se preparando.

Mais tarde, no mesmo ano, Patti se pergunta por que não recebe atribuições externas. Alguém lhe conta: "A direção não pode confiar em você com informações internas! Você é um canhão descontrolado."

Em batalha ou durante tempestade, um canhão, quando se solta de suas amarras, causa danos graves no barco e na tripulação. Ele é incontrolável e imprevisível.

Tal pessoa se defende: "Não estou tentando machucar ninguém. Só estou sendo honesta e expressando minha preocupação. Nem sempre consigo me segurar." Mas uma falta de controle sobre a língua é um sinal de falta de autocontrole. A Bíblia refere-se a isso como uma língua sem freios (Tiago 1:26). A língua sem restrições é como a vela descontrolada de uma embarcação que, de repente, levanta-se e o acerta em cheio na cara. Quando alguém não controla a língua, as pessoas ficam feridas.

O fato de você estar cheio de boa vontade não significa que deva enviar determinada mensagem. Boas intenções nem sempre produzem boas palavras ou bons resultados. O que sai da boca nem sempre é a mesma coisa que está no coração. Boa vontade e bom senso não são sinônimos. Como diz o ditado norte-americano: "Língua solta, navio afunda."

O PÉSSIMO OUVINTE

Johnny, de seis anos, questionou a mãe: "De onde eu vim?". Ela, que se preparara para este momento, seguiu com uma explicação completa sobre a sexualidade humana e o nascimento de uma criança. Após terminar, perguntou ao filho se respondera sua pergunta. Johnny diz: "Talvez. Jason, do final da rua, acabou de se mudar para cá, e ele me disse que veio de Nova York. Eu queria saber de onde eu vim."

Podemos não compreender o que está sendo dito. Outro dia, conversei com um marido que se sentara e escutara seu filho adulto abrindo o coração para a mãe. Por qualquer que fosse a razão, ela estava extremamente na defensiva. Estava tão defensiva que disparava tópicos tangenciais ao assunto sendo tratado por seu filho. Em determinado ponto, o marido disse: "Querida, não acho que você esteja ouvindo o que ele está tentando dizer. Este é o sentimento do coração dele...", com o que seu filho concordou totalmente. O pai me disse:

> Fiquei surpreso de ver que ela não fazia ideia do quanto estava deixando de entender o coração dele. Acho que se sentiu acusada, uma vez que a conversa começou com o pé errado, com ele gritando, e ela sentiu que [o filho] pretendia condená-la como uma péssima mãe. [Minha esposa] passou tudo por este filtro. Ela ficou lá, temerosa com o que poderia ouvir e, assim, não ouviu.

Provérbios 18:13 diz: "Quem responde antes de ouvir comete insensatez e passa vergonha." Qualquer um de nós pode acabar deixando passar o assunto mais profundo. Nós devolvemos um tuíte de um comentário desagradável, apenas para perceber, mais tarde, que havíamos entendido mal, e agora termos de pedir perdão. Pelo mundo todo as pessoas são forçadas a se desculpar por presumirem demais. Parece que nos tornamos o planeta das desculpas.

Fico estarrecido quando as pessoas fazem comentários em uma plataforma de mídia social, respondendo a algum ponto que o outro, supostamente, defendeu, mas, quando leio o que o primeiro escreveu, vejo que a reação definitivamente fugiu do que foi comunicado. Na verdade, terceiros entram na conversa e dão sua opinião. As respostas se acumulam, formando um fio que não tem nada a ver com o ponto ou a questão original. Todos os comentários são desnecessários. Por fim, uma pessoa corta: "Todo mundo aqui entendeu errado."

Soar como essa pessoa deveria tornar-se nosso alvo: "Eu costumava ouvir a fim de falar, mas agora eu ouço para entender."

Sabia que, em inglês, as letras da palavra para "escutar" [listen] são as mesmas da palavra para "calado" [silent]?

Antes de enviar algo, pergunte-se: *Será que eu ouvi cuidadosamente e entendi o assunto exatamente como foi apresentado?*

O REMOEDOR

Um cara disse-me certa vez: "Ela começava [...] remoendo anos de coisas que eu fizera errado, eu ficava me sentindo um idiota." Uma mulher também me disse: "Ele gasta todo nosso tempo remoendo tudo que eu já fiz de errado."

Em muitos casos, o remoedor está mais se sentindo inseguro do que tentando condenar o outro. Uma mulher reconheceu isso em si mesma. Ela precisava falar para resolver as coisas. A menos que discutisse sobre as coisas, ela não se sentia bem ou segura, e continuava remoendo em sua mente e remoendo com os outros. Mas as pessoas se fechavam para ela. Ao buscar conselho com o pai, ele lhe disse:

> Meu bem, a pergunta que você precisa fazer é: "Será que eu vou me lembrar disto daqui um dia, uma semana, um mês ou um ano? Será que as pessoas vão?" Caso a resposta seja não, então tudo bem deixar para lá. Isso não significa que você não deve discutir sobre a coisa com outras pessoas, mas talvez não seja necessário.

Ela me disse que foi uma libertação e que nunca haviam lhe dito isso. Por toda a vida, essa mulher sentira que era necessário debater sobre tudo, sempre que se sentisse incomodada.

Quando aconselho casais, compartilho que certos componentes químicos na mulher fazem com que ela esquente a cabeça durante um período de doze horas após um conflito. Ela recapitula o episódio todo, achando impossível livrar-se dele. Ao passo que, nos homens, a composição química difere, e ele pode parar de esquentar a cabeça após uma hora. É por isso que, quando um casal tem uma briga pela manhã, à noite a mulher precisa conversar sobre o que aconteceu nove horas antes, sendo que ele responde: "Do que você está falando?" O homem honestamente não consegue lembrar-se por que ela está aborrecida. Pensou sobre uma centena de coisas no trabalho e a explosão daquela manhã está agora em seu espelho retrovisor. Duas pessoas maduras precisam decidir deixar isso do jeito que está, como o homem fez, ou discutir sobre a questão, porque a mulher ainda tem a necessidade de discutir sobre isto. Nenhum deles está errado, são apenas diferentes.

Algumas coisas precisam ser ignoradas, não registradas em um livro fiscal para que rememoremos todos os dias até nos sentirmos seguros como pessoa. O amor "não mantém registro dos erros" (1Coríntios 13:5, segundo versão usada pelo autor), especialmente quando a outra pessoa entendeu que o que ela disse não soou bem e se desculpou. Precisamos perdoar e seguir em frente. Não é certo chutar cachorro morto. Remoer as coisas pode envergonhar o outro, que reclama: "Isto é necessário? De novo? O que mais eu posso dizer ou fazer?"

Alguns de nós precisam entregar esses assuntos a Deus, como Pedro instruiu: "Lancem sobre ele toda a sua ansiedade, porque ele tem cuidado de vocês" (1Pedro 5:7). Certa pessoa escreveu: "Ainda tenho momentos de fraqueza, quando duvido das intenções [deles]. Pareço ter dificuldade de me fazer parar de pensar no passado e remoer aqueles sentimentos. Tenho confiado na oração para me ajudar a superar estas questões."

Jesus disse: "Venham a mim, todos os que estão cansados e sobrecarregados, e eu lhes darei descanso" (Mateus 11:28). Soa como uma ótima possibilidade a escolher! Antes de enviar algo, talvez você deva dobrar os joelhos em oração.

O COITADINHO

Ao longo dos anos, tenho percebido que alguns indivíduos saltam de terapeuta em terapeuta. Eles não têm nenhuma intenção de mudar. Simplesmente querem contar a história de seus infortúnios para ganhar simpatia. Sugam energia das pessoas que lamentam muito por eles. Entretanto, se um conselheiro voltar o foco para o que aquela pessoa poderia mudar, ela, geralmente, encontra outro conselheiro. Algumas pessoas têm vício por terapia, diferentemente das que precisam de terapia por causa de um vício.

Os *buscadores de terapeutas* fazem a mesma coisa no trabalho. Eles encurralam alguém no bebedouro e despejam melodramas melancólicos. Dois dias depois, almoçando com um colega diferente, fazem o mesmo. Eles não estão procurando ajuda, só estão sentindo pena de si mesmos e persuadindo os ouvintes a também sentirem o mesmo. Na verdade, eles estão dando uma festa de autopiedade e convidando qualquer um que apareça.

Por essa razão as pessoas amam o Facebook. Quantos, em prantos, publicam suas histórias com a esperança de que uma dúzia de pessoas confirmem tudo o que eles estão sentindo? O fato de ninguém conhecer a história de fundo, nada, além do que eles disseram, é bem conveniente. O Facebook não requer duas ou três testemunhas que confirmem os fatos que foram relatados. Entretanto, Moisés, Jesus e Paulo fazem esse tipo de exigência (Deuteronômio 19:15; Mateus 18:16; 2Coríntios 13:1).

Por vários anos nós contabilizamos, extraoficialmente, o número das pessoas que me mandavam e-mail contando suas histórias de infortúnio, mas quando fazíamos diversas recomendações sobre o que poderiam fazer, nunca mais ouvíamos falar delas. Antes de você enviar algo, posso lhe fazer uma pergunta? Por que você está comunicando essa informação? Será que está dando uma festa de autopiedade e quer que os outros fiquem com dó de você ou está buscando sabedoria para sair do poço da autocomiseração?

O ESPIÃO

Espiar é reunir dados sobre as atividades dos outros, sem o consentimento deles. A menos que trabalhemos para uma agência do governo, é desnecessário espiarmos. Do ponto de vista pessoal, podemos ter a melhor das intenções e buscar somente a verdade. Mas os outros não sabem, e, se soubessem de nossa espionagem, isso minaria a confiança em nosso relacionamento. Isso passa dos limites, entrando em território impróprio. Mas, ainda mais, por que estamos espiando? A maioria espia para pegar os outros transgredindo.

Pense nos pais. Não se discute que os pais devem agir responsavelmente para com seus filhos e supervisioná-los contra delitos. Mas alguns pais confessaram tentar ser o Espírito Santo para as crianças. Por causa do desejo de evitar que os filhos se deparem como aquilo que eles experimentaram na mesma idade, os pais têm uma compulsão obsessiva por rastrear tudo o que o adolescente está fazendo. O pensamento é: "Se eu pegá-lo fazendo algo errado, isso o motivará a fazer o certo quando eu não estiver vendo." Essas mamães e papais espiam para confrontar e corrigir e, sim, controlar.

A propósito, não há problema com prestação de contas, quando o filho sabe de antemão sobre o monitoramento. Por exemplo, colocar software de proteção no computador é uma coisa boa. O próprio pai presta contas. O *errado* é espiar o garoto adolescente que conversa com uma garota no parque. Isso é monitoramento não revelado e quebrará a confiança no momento em que ele descobrir.

Para o cristão, tal prática pode ser uma crise de fé. Sarah fala às mães de adolescentes: "Fale para o Senhor: 'Se há alguma coisa que eu precise saber, faça-me saber, Senhor'." Em algum momento temos de confiar em Deus. Não podemos espiar 24 horas por dia, 7 dias por semana.

Além da paternidade, alguns se convenceram de que espiam ou secretamente escutam a conversa porque se importam. O perseguidor declara: "Estou apaixonado por ela. No amor e na guerra vale tudo." Mas, além do perseguidor medonho, empregadores vêm espiando os empregados em uma escala epidêmica, porque eles "se importam" com a empresa. Contudo, uma coisa é deixar que o público e o empregado saibam que "esta ligação telefônica está sendo gravada", mas outra bem diferente é, em segredo, espiar via tecnologia disponível para monitorar e-mails, uso da internet, colocando GPS em veículos etc. Sou do partido de deixar que as pessoas saibam do monitoramento. Não há problema com a prestação de contas. O que apavora e ofende os outros é quando algo é feito pelas suas costas.

Como saber se você está espiando? Você está fazendo vigilância e teme ser exposto? Quando se tem medo de ser pego por aqueles que pretende pegar, você é um espião.

O MAMÃE

Uma coisa é ser uma mãe que fala para o filho ter cuidado ao se dirigir para a escola. Embora saiba que ele não está escutando, ela diz mesmo assim. Talvez diga por medo de que algo aconteça com ele e ela não quer viver com culpa por haver deixado de dar o aviso. Ou, talvez, diga para ele "ter cuidado" porque quer que os outros digam isso para ela, como um modo de expressar: "Estou pensando em você porque o guardo em meu coração."

Contudo, aqui está um outro tipo de maternidade, que é inapropriado. No trabalho, uma funcionária é mamãe de um colega ao dizer-lhe para colocar a jaqueta e pentear o cabelo, ou para ter cuidado ao dirigir de volta para casa, porque as estradas estão escorregadias devido ao gelo. Embora ela não esteja, nem sonhando, interessada romanticamente nele, ela tem uma afeição especial pelo colega, como um tipo de irmão. (Os papéis podem ser invertidos, e o homem circunda a mulher). Entretanto, ela precisa discernir se isso é algo com o qual ele se sente confortável. Infelizmente, ela cega a si mesma para esse desconforto, com comentários maternais. Tal mulher tem uma necessidade tão forte de se sentir necessária, que ignora o incômodo no rosto e nos olhos do colega. Ela não se pergunta: *Estou sendo inconveniente? Há limites que eu não tenho o direito ou a responsabilidade de cruzar? Estou procurando afirmação como pessoa?* Ela não pode permitir que sua necessidade de cuidar sobreponha-se à sua necessidade de ter discernimento e prudência. Por fim, esse homem vai falar: "Olhe, eu não preciso que você seja minha mãe, está certo? Agradeço sua preocupação, mas você está aqui para cumprir as tarefas designadas a você pelo gerente. Não preciso que você seja minha mamãe-galinha." Ao ouvir isso, ela se sente apunhalada no coração e arrasada. À noite, chora e chora por causa da dor que sentiu. Contudo, ela causou isso ao "se importar" quando esse tipo de cuidado não é requerido, no trabalho. Ela pode ter uma personalidade carinhosa, cuidadosa, mas, como o resto de nós, precisa operar de acordo com o código de comportamento do trabalho. Não deve deixar seu cuidado sobrepor-se ao protocolo ou cruzar os limites que os outros estabeleceram.

Sem perceber, uma esposa pode se colocar como mãe do próprio marido: "Hoje à noite, quando você estiver com sua mãe, seja gentil com ela. Converse com ela, pergunte sobre o seu dia. E quando estivermos tomando sopa, não faça barulho." A mulher envergonha o marido, como se ele tivesse dez anos, embora ela possa acreditar que está mostrando o quanto se importa com ele. Esse homem bloqueou a esposa há vários anos. Ele não a escuta. Quando isso é apontado, ela responde: "Ora, ele age como um garoto de dez anos." E fica se perguntando: "Por que ele nunca é romântico comigo?" Quem vai querer namorar a própria mãe?

Da mesma forma, essa figura maternal, cuidadosa pode passar dos limites declarando que os outros não se importam. O exemplo clássico é Marta, a irmã de Maria (Lucas 10:38-42). Quando Jesus visitou a casa de Marta, ela estava fazendo todo o serviço de preparar a refeição, enquanto sua irmã ficava sentada aos pés de Jesus. Marta diz para Jesus: "Senhor, não te importas que minha irmã tenha me deixado sozinha com o serviço? Dize-lhe que me ajude!" Note duas coisas: Ela acusou aquele que é perfeito em amor de não se importar. E ordenou a ele que fizesse Maria se importar. Pessoas cuidadosas, como Marta, podem ser um pouquinho mandonas e cheias de justiça própria, mas não percebem isso. Permita-me sugerir que ela foi longe demais com o Filho de Deus.

Antes de enviar algo, pergunte-se: *Estou bancando a mãe para alguém, indo além das devidas regras de envolvimento, ou estou, erroneamente, julgando que essa pessoa não se importa?*

O TAGARELA

Alguns de nós não têm nada a dizer, mas falam do mesmo jeito. Isso não é algo fácil, mas eles dão conta.

Por exemplo, estamos na sala de trabalho de uma empresa, com cinco outros, classificando e preparando documentos para distribuição, e começamos a papear. Em certo nível, estamos sendo socialmente agradáveis, em especial quando contamos histórias interessantes. Mas a Betty Tagarela fala sobre a nova lixeira no banheiro das mulheres, o que a lembrou de que precisa comprar uma lixeira para o banheiro recém-pintado de sua casa, e que levou três semanas para pintar, porque ela não conseguia achar a cor certa. Isso a faz lembrar-se da avó, que só possuía uma latrina externa, mas que viveu 92 e morreu no hospital local, o qual, ela ficou sabendo, acrescentou uma nova ala para viciados em drogas. Ela dispara e vai longe, falando muito sobre nada e, a certo ponto, ninguém se importa e todo mundo para de ouvir.

O tagarela sente-se compelido a conversar quando nada precisa ser dito. Uma pessoa que se identificou como tagarela disse que estava ao telefone e, de repente, teve consciência de que sentia como se não tivesse controle sobre o que estava dizendo. Ela sentiu como se estivesse no piloto automático, seguindo e indo. O que impressionou essa pessoa no momento de autoiluminação foi saber que estava pensando em outra coisa ao mesmo tempo que seus lábios se moviam sobre aquele tópico. Foi apavorante para ela o fato de que não tinha nada para dizer, mas falava mesmo assim, sem se envolver na própria conversa. É preciso talento para isso!

O tagarela precisa fazer-se várias perguntas:

1. Eu converso mesmo quando não preciso dizer nada?
2. Por que sinto necessidade de ser a pessoa que fala quando ninguém está falando?
3. Refletindo bem, os outros ouvem quando eu falo?
4. Se não ouvem, é porque eu fico papagueando como um ruído branco, colocando as pessoas para dormir?
5. Será que me incomoda o fato de eu ser interrompido e depois ninguém me pedir para voltar ao que estava dizendo?
6. Eu mesmo me importo de voltar ao que estava dizendo?
7. Eu ou qualquer pessoa sequer se lembra do que eu estava dizendo?

Se as respostas para essas perguntas são desfavoráveis, alguém está falando desnecessariamente.

O EXAGERADO

Certa vez, recebi um e-mail de uma pessoa que escreveu: "Semana passada ele confessou que queria o divórcio, já havia falado disso antes, mas nunca tomou nenhuma atitude para isso."

Por que ele diz que quer o divórcio? Ele tenta expressar a profundidade de sua dor quanto ao relacionamento com a esposa. O homem faz um comentário audacioso, com o desejo subjacente de que ela ouvirá seu clamor e mudará. Certamente, isso soa como uma ameaça ou um ultimato, para servir a propósitos egoístas de coagi-la a fazer o que ele quer. Em vez de satisfazer a necessidade de amor de sua esposa, ele fala palavras desnecessárias para assustá-la e forçá-la a fazer o que ele julga necessário! Vá entender.

Em um momento de absoluta frustração sobre não ser promovida, uma vice-presidente exclamou para sua equipe da diretoria, só de homens: "Sinto como se todos os homens nesta equipe odiassem as mulheres. Vocês enganam os outros para pensarem que se importam com as mulheres, mas vocês não se importam. Vocês dão a impressão, para os de fora, de que não há teto de vidro nesta organização, mas isso é um disparate." Ela não acreditava muito no que estava dizendo, mas disse mesmo assim. Esperava que eles decodificassem o real significado por trás de suas palavras. Entretanto, quando falamos coisas falsas, indelicadas e incertas — o que, é óbvio, é totalmente desnecessário — pagamos um preço. Esta mulher foi removida da equipe da gerência.

Aqui está um e-mail de uma mulher que aumentou ao falar de sua preocupação sobre seu casamento:

> Contei à minha irmã, confidencialmente — pensava eu — que queria estar morta ou que meu marido estivesse morto, para eu poder escapar destas circunstâncias [...] Ela, em seguida, ligou para minha filha, que ficou preocupada. E minha filha ligou para meu marido. Bem, é claro que isso foi muito doloroso e constrangedor [para meu marido] ... Ele diz que eu acabo de praticamente matar todo sentimento que tinha por mim.

Por que essa mulher falou tais coisas sobre desejar morrer ou que seu marido morresse? Ela queria despertar a empatia em sua irmã, mas teve o efeito contrário, porque nunca teve a intenção de que seu exagero alarmante sobre a realidade fosse além de sua conversa privada.

Quando estamos feridos, frustrados, com raiva, confusos, temerosos ou ofendidos, nós explodimos fazendo colocações desnecessárias. Não queremos dizer aquilo que parece que queremos. Estamos tentando trazer alguma mudança na situação ou no relacionamento. Esperamos que as pessoas à nossa volta decodifiquem o significado profundo do que estamos dizendo e, possivelmente, nos resgatem se desculpando e consertando as coisas. Mas isso não acontece, não geralmente. Quando lançamos berros inflamados, como: "Vá em frente e se divorcie de mim! Eu odeio você! Você nunca me respeitou!", nós frustramos exatamente o objetivo que, no fundo do coração, tínhamos: a reconciliação e a experiência de amor e respeito.

Não podemos dizer aos nossos pais que eles são os piores seres humanos do planeta, como modo de motivá-los a nos curar emocionalmente. Não podemos dizer ao chefe que é o próprio inferno trabalhar para ele e esperar que ele crie um ambiente de trabalho celestial para nós.

No momento, talvez você ache que está, verdadeiramente, descrevendo seus sentimentos, mas quando suas paixões estão fora de controle, você aumenta a realidade. Tal exagero vai levar os outros a descartar suas preocupações mais profundas, porque eles o verão como desalinhado ou até irracional. Não importa quão santos sejam seus motivos para trazer mudanças justas, os outros se afastarão de você.

O INTERRUPTIVO

Diversas esposas têm me comunicado frustrações similares à expressada neste e-mail:

> Ele me interrompe quando eu tento falar; então eu me sinto desrespeitada, não ouvida [...] Assim, eu reajo levantando a voz e lhe pedindo que me ouça. Tento continuar, mas ele me interrompe para me dizer o que estou sentindo ou o que ele acha que eu deveria fazer. Eu fico ainda mais ofendida.

Tudo isso é desnecessário.

Ouvi, ao longo dos anos, que nos negócios os homens interrompem as pessoas em geral muito mais do que as mulheres o fazem. Elas ficam quietas em consideração ao outro. Falando de modo geral, as mulheres exercitam uma sensibilidade maior. Ao mesmo tempo, no lar, a maior parte das esposas critica e reclama, então o marido se distancia e se recusa a responder quando as coisas esquentam, o que incita a mulher a tentar conversar, não importa o que ele esteja fazendo no momento.

Independentemente de nosso sexo ou contexto, todos precisamos reconhecer que, quando pensamos que o que nós temos para dizer é a coisa mais importante de todas e que tem de ser dita, somos tentados a interromper.

Por exemplo, duas pessoas estão na sala de conferências, discutindo sobre um projeto, e um indivíduo entra para contar-lhes que ele acabou de conseguir ingressos para um jogo de futebol americano pela NFL. Essa é uma informação legal, mas é irrelevante para a discussão dos outros e interrompe a linha de pensamento deles. Além disso, a intenção real dele ao interromper era gabar-se de que o chefe lhe dera os ingressos.

Algumas interrupções são inocentes, mas incomodam igual. Minha filha Joy mandou-me um e-mail dizendo:

> Costumo implicar com os últimos episódios do *Bachelor/ette* com amigos que estão muito envolvidos nesse programa de TV [de

encontros amorosos]. Mas o fato de eu constantemente interromper falando sobre a edição e a atuação os deixam irritados, sem mencionar os gritos que ouço de: "Você só pode estar brincando!?"

"Mas, Emerson, e quanto ao ambiente de trabalho? Eu estou no comando. Estas pessoas estão abaixo de mim. Tenho autoridade aqui e deveria poder falar o que penso a qualquer hora." A esse argumento, eu diria que os líderes mais efetivos não são autoritários. Eles são fortes, mas graciosos ao perguntar: "Esta seria uma boa hora para descrever uma situação para você ou seria melhor mais tarde?" A maior parte do pessoal imediatamente assentirá ao chefe e ficará grata pela sensibilidade. As pessoas sabem que um líder tem uma responsabilidade maior e que, com isso, vêm certos direitos, um dos quais é o direito de interromper. Contudo, ele não precisa ser rude. Pode dizer: "Desculpe-me por interromper, mas eu tenho alguns itens importantes para abordar. Uma vez mais, peço perdão por tirar você do que estava fazendo, e muito obrigado por me permitir fazê-lo."

Isso volta à Regra de Ouro. Simplesmente faça o que queria que fizessem com você.

O RECLAMÃO

No último ano do Ensino Médio, em um colégio militar, eu tive o privilégio de receber vários prêmios significativos na graduação. Entretanto, não recebi um prêmio que eu queria, e compartilhei meu desapontamento com um colega cadete. Ainda me lembro de seu choque e olhar de completa incredulidade, suas palavras foram: "Seus colegas de classe acabaram de eleger você como o aluno com mais chance de ser bem-sucedido, e isso não é bom o bastante. Você ainda quer mais." Ele falou respeitosamente, como meu amigo, mas pude ver que não acreditou que eu dissesse algo tão egoísta e mal-agradecido.

Naquele momento, aos dezoito anos, eu vergonhosamente reconheci algo repulsivo em mim. Eu estava reclamando por não conseguir ainda outro prazer. Queria, por assim dizer, quinze presentes de Natal, não doze. Para meu amigo, o comentário que eu fiz foi descabido. Até hoje, mais de quarenta anos depois, ainda me recordo da vergonha que senti por fazer aquela observação ingrata. Não era um comentário aceitável, mas uma queixa enraizada em meu amor-próprio carnal, e eu não via isso até ser confrontado com minha mesquinhez.

Reclamar sobre o que não temos é produto de presunção. Sentimos que merecemos muito mais do que já temos. Vamos pela vida dizendo: "*Eu* merecia isto, não eles!" Tudo soa tão insignificante, exceto para nós mesmos.

Muito sobre o que nos queixamos quando interagimos com os outros é desnecessário, visto ser baseado em querer mais do que já temos. Terminamos sendo como a pessoa que disse: "Eu era ranheta sobre não ter um terceiro par de sapatos, até que vi um homem sem pés." A verdade é que muito da nossa vida é ouro, mas nós chamamos de icterícia.

Como cristão, quando eu fico choramingando sobre não ter o que eu mereço (ou o que acho que mereço), preciso pausar e lembrar que há o outro lado do que mereço. De fato, eu mereço o julgamento de Deus por causa de todas minhas transgressões, mas não o recebo por causa de sua graça e misericórdia estendidas a mim por meio de Jesus Cristo. Isso deve fazer-me parar de grasnar e de dizer coisas estúpidas, insignificantes e desnecessárias sobre como a minha situação é ruim. Verdade é que poderia ser pior e deveria ser. E a verdade adicional é que é muito melhor do que deveria ser.

O DISTRAIDOR

Quando uma criança de quatro anos nos pergunta sobre como os bebês são feitos, nós a distraímos dizendo: "Ei, olhe aquele passarinho na árvore! Que tipo de pássaro é aquele? Vamos ver em nosso livro de aves e depois faremos biscoitos." Esse tipo de distração é apropriado e necessário.

Há outras distrações que são menos apropriadas. Por exemplo, juízes e advogados não permitem informação que seja irrelevante ou além do escopo do caso. Eles desaprovam especialmente comentários inoportunos que são difamatórios e causam preconceito (prejulgamento). Ademais, juízes e advogados não permitem que as testemunhas fiquem divagando sobre coisa nenhuma, a fim de evitarem contar a verdade. É por isso que o tribunal de justiça exige: "Por favor, responda apenas à pergunta, sem acrescentar nem tirar."

Outro cenário no qual observamos gente se recusando a ser colocada na berlinda é em entrevista com político. Ele rodeia o assunto, negando-se a responder à pergunta. Isso pode ser uma coisa boa ou uma tática para evitar informação impopular. Na verdade, sabia que há uma técnica de distração que a maioria dos políticos sabe empregar? Quando questionado, questione de volta, ataque a questão, ataque o questionador, alegue ignorância ou pule para outro tópico.

Quando você está sendo um distraidor, não é inverdadeiro, de per si, mas está tentando manter-se longe de tópicos que prefere não abordar. Isso pode ser uma coisa sábia, ou pode ser interpretada pelos outros como má vontade de tratar um assunto sobre o qual é necessário que eles reúnam informação. Falar sobre o desnecessário para evitar o necessário.

O CENTRO DAS ATENÇÕES

Voltando das férias de verão, uma professora viu um colega no corredor e perguntou: "Então, Jason, como foram suas férias?" Ele se lança em uma descrição sobre tudo o que fez no verão, entretendo Susan com suas inúmeras histórias, fazendo-a rir. Quando Jason acaba, olha para o relógio e diz que precisa ir, ao que a professora responde: "Ora, seria legal se você perguntasse como foi o meu verão." Com um brilhozinho nos olhos, ele responde: "Francamente, Susan, eu não ligo."

Os contadores de história tomam o centro do palco. Alguns são bem divertidos. Tenho uma amiga hilária, que conta as mesmas histórias no contexto social, mas todo mundo, inclusive eu, ama ouvir o mesmo episódio de novo e de novo. De fato, os amigos dela levantam os dedos para mostrar quantas vezes já ouviram um determinado relato, mas eles deixam que continue a contar, porque ela os faz chorar de rir novamente. Mas poucos têm essa habilidade cativante. Quase toda pessoa centro das atenções é egoísta e deseja apenas ouvir o som da própria voz, visto que vê os outros como relativamente sem importância. Nós observamos isso com intelectuais motivados pelo ego ou com extrovertidos que falam e falam sobre o que valorizam. Como dizem: "Eles gostam de se ouvir."

Deparei-me com as palavras de uma pessoa. Elas capturaram a dor de ficar em segundo plano quando o roubador de atenções aparece:

> Uma ou duas vezes na semana eu almoço com colegas de trabalho ou janto com amigos de amigos, e encontro com

alguém que simplesmente não se cala, ou fala muito alto, ou tem pouco a dizer mas demora uma eternidade para dizer, ou sempre fala sobre o mesmo tópico. É extenuante e frustrante para os outros, que não achariam ruim participar da conversa, aqui e ali, com seus próprios pensamentos. Por que essas pessoas fazem isto e qual é o melhor modo de lidar com elas? Eu sou uma pessoa quieta. Aprecio um bom papo, mas gosto que seja algo suave e relaxado, e sempre me esforço para, quando eu posso, incluir outros. A algumas pessoas simplesmente falta esta habilidade social. Elas pensam que são engraçadas e que sua energia anima as coisas, quando, na verdade, estão barrando os outros de se divertirem.[60]

Você é o centro das atenções? É assim que você deseja ser como pessoa? Eu acho que não. Você precisa tirar os holofotes de sobre você e mandar essa luz para aqueles ao seu redor. Os outros o amarão e respeitarão muito mais conforme você demonstrar interesse contínuo pela vida deles.

O EMPILHADOR

Tenho um amigo que, quando se vê envolvido com coisas que o aborrecem, exclama, com humor, imitando o que outros dizem: "E mais uma coisa!" Nós dois rimos, porque sabemos que isso é o que as pessoas fazem em conversas acaloradas.

Essa sentença aditiva faz a briga se manter. Uma mulher, por exemplo, critica o marido por haver se esquecido de pegar as roupas dela na lavanderia, e faz isso chegar até o ponto da afirmação de que ele não se importa. Mas ela continua: "E mais uma coisa, você se importa com sua mãe mais do que comigo. Você liga várias vezes para ela durante a semana, mas nunca me liga desse jeito. E outra coisa, igual a sua mãe, você gerencia mal o dinheiro. Tal mãe, tal filho."

É demais. Ele se sente esmurrado e agredido. O homem se fecha e, então, ela usa isso como mais uma coisa para provar que ele não se importa, porque se recusa a conversar sobre os sentimentos dela.

Empilhar as coisas desse jeito é como empilhar oito pedras de quinze quilos sobre a cabeça do marido, até que ele sinta que seu pescoço está quebrando. É um fardo pesado demais. Ele não consegue lidar com isso.

Pessoas que perceberam a própria tendência de serem "empilhadoras" dividiram comigo que, durante uma discussão, elas vão fazendo uma pilha de coisas que as incomodam na outra pessoa, mesmo que não tenham nada a ver com o assunto em questão. Elas também admitiram que muitas vezes falam o que é desnecessário, porque não acreditam que falar só o necessário seja suficiente. E muitas compartilharam que nunca haviam percebido o modo como suas críticas constantes afetavam os outros.

E, mais uma coisa, você é culpado de sempre dizer: "E mais uma coisa"?

O QUE NÃO ORA

Dentro da comunidade da igreja, com frequência ouvimos os sujeitos confessarem, prontamente, que acabam passando sermão nas pessoas de seu círculo, seja em casa ou no trabalho. Embora não fiquem de pé em uma esquina, com um tamborim e uma Bíblia, eles têm noção de que deveriam orar mais e ser pacientes.

Quando ficamos pregando muito, o ouvinte deixa de prestar atenção em nós. Uma pessoa confessou que usava palavras para passar sermão, pressionar, insistir e reclamar, o que fazia os outros se desligarem dela. Ela reconheceu que era tudo desnecessário e que despertava ressentimento nos outros.

Embora Paulo, na carta aos Romanos, pergunte como alguém pode ouvir se não for enviado um pregador (Romanos 10:14), Pedro também instrui certas pessoas a refrearem-se de usar palavras, quando essas não estão fazendo efeito (1Pedro 3:1,2). Muito já ouviram: "Pregue o evangelho e, se necessário, use palavras."

Dê uma olhada no que algumas pessoas me escreveram:

- Cheguei à conclusão de que, talvez, este seja um daqueles momentos nos quais Deus está me dizendo para manter a boca fechada e somente continuar orando.
- Eu decidi manter minha boca calada (pela primeira vez há um tempo), escutar, ler e deixar Deus me mostrar.
- Continuei a orar e manter minha boca fechada! Adivinhe o que aconteceu [...] acredito que Deus nos deu um milagre, porque eu escolhi controlar minha língua e minha atitude.

Você, assim como todos nós, precisa permitir que Deus seja Deus na vida das outras pessoas. Como diz uma frase de camiseta: "Ele é Deus, você não." Antes de enviar algo, você deve se perguntar se, com tal comunicação, vai parecer aos outros que você está apontando seus pecados. *Será que tenho de deletar esta mensagem por enquanto, e preciso, na verdade, orar e servir a estas pessoas?*

POR QUE COMUNICAR ALGO NECESSÁRIO?

A outra pessoa precisa ouvir o que é necessário. Após cerca de cinco das dez sessões do curso *Love and Respect* de orientação para casais em crise, fornecemos aos casais um formulário de avaliação, que chamamos de "Questões centrais do coração". Há sete dessas questões: falta de autocontrole, falta de perdão, falta de fé, egoísmo, orgulho, engano e preguiça.

Conforme se aprofunda o relacionamento de confiança entre o casal conselheiro e o casal em crise, é pedido ao segundo que responda várias perguntas-chave sobre o próprio coração. Esse é um autorrelatório. Fazemos isso porque, geralmente, uma das sete questões sabota qualquer movimento para avançar como marido e mulher. Depois que entregam o autorrelatório, baseado em uma série de frases que possam identificá-los, uma dessas questões costuma vir à tona, visto que as respostas fornecem um agregado de resultados similares. Então nós destacamos, da própria crítica deles, a área que precisam encarar. Temos percebido que, se não tomarmos atitude em apontar o que é necessário que vejam sobre si mesmos, eles terão dificuldade em avançar. Pelo fato de nos importarmos, nós transmitimos o que eles necessitam ouvir da própria autoavaliação. O impressionante é que as pessoas, em sua maioria, ficam muito gratas quando sabem que essas coisas são compartilhadas por causa de uma preocupação com elas e de um desejo de que tenham a experiência de serem melhores.

Isso significa que todos respondem de modo positivo? Não. Por exemplo, ao longo dos anos, tenho tentado estimular cristãos a confiarem em Cristo e seguirem a vontade do Senhor para a vida deles. Tento honrá-los com uma visão nobre de permanecer fiel ao Deus que eles amam e que os ama. Eu não prego, apenas compartilho. Entretanto, depois de ouvirem meu desafio, alguns cristãos carnais seguem o próprio caminho. Nunca ouço seus segredos novamente. Mesmo assim, sei que meu silêncio pode privá-los daquilo que necessitam: prosseguir como Deus intenciona. Se eu mantiver silêncio, estarei limitando as opções deles. Eu me vejo dando a eles o direito de recusa. Concedo-lhes a oportunidade de ouvir as boas-novas do amoroso plano máximo de Deus para eles.

Winston Churchill disse: "Crítica pode não ser agradável, mas é necessária. Tem a mesma função da dor no corpo humano; chama a atenção para o desenvolvimento de um estado não saudável das coisas."[61]

Você tem de se perguntar: *Quando as pessoas com as quais me associei precisarem ouvir a verdade necessária, falada gentil e claramente, eu vou dizer-lhes?* O silêncio nem sempre vale ouro.

Devemos mostrar a nós mesmos que temos a coragem de falar. Minha esposa e eu, junto com milhões de outros, gostamos do filme *Histórias cruzadas*. Ele se passa em Jackson, Mississipi, nos anos 1960, e captura a experiência opressiva de mulheres negras que serviam como ajudantes na casa de brancos. Na verdade, essas mulheres negras maravilhosas criavam os filhos das brancas.

Uma certa garota branca, Skeeter, foi criada por Constantine, uma negra. Após se mudar para cursar a universidade, ela descobre que sua mãe, Charlotte, demitiu Constantine, que fielmente trabalhara mais de trinta anos para a família. A demissão aconteceu porque, enquanto um grupo de mulheres brancas, de prestígio na sociedade, estava comendo na casa de Charlotte, a filha de Constantine chega em casa da faculdade e entra pela porta da frente, o que ela fazia desde a infância. Uma das mulheres confronta a dona da casa sobre esse comportamento ultrajante, porque os negros deviam usar a porta dos fundos. A mulher exige que Charlotte aja.

Em vez de corajosamente colocar-se ao lado de Constantine, a patroa cede ao racismo da cultura e despede a ajudante.

Posteriormente, Charlotte confessa a Skeeter sua covardia horrível e diz: "A coragem às vezes pula uma geração." A mãe elogia a filha por ter coragem de falar a verdade necessária no livro *Histórias cruzadas* que está escrevendo, expondo a arrogante injustiça para com essas fiéis mulheres negras.

Você precisa enviar algo? Sim, é extremamente necessário, quando aqueles à sua volta intencionalmente comunicam o que não é nem verdade, nem bom, nem necessário e nem claro. Você, assim como eu, tem uma obrigação moral. Você deve

- falar a verdade e corrigir as mentiras intencionais,
- confrontar gentilmente as indelicadezas intencionais,
- indicar quando disserem algo intencionalmente desnecessário e
- ser claro sobre o ponto em que os outros, intencionalmente, não estão sendo claros.

Você prestará contas a Deus não apenas pelas coisas desnecessárias que disse, mas também por deixar de dizer o que era necessário. Eu frisei que nosso Pai celestial nos ama e está ouvindo nossas conversações. Assim como sabe o número dos cabelos em sua cabeça (Mateus 10:30), ele sabe tudo o que descuidadamente você comunica (Mateus 12:36). Por Jesus dizer que é importante, é importante. Um dos maiores incentivos para você comunicar o que é necessário é saber que foi para isso que o Senhor o chamou. Você o faz como resultado de confiança no Senhor e obediência a ele, de amor e reverência por ele.

COMO RESPONDER AOS QUE COMUNICAM ALGO DESNECESSÁRIO?

A PESSOA COM EXCESSO DE INFORMAÇÃO diz:

— Acho que forneço informações úteis, algumas pessoas acham que eu as faço se sentirem soterradas.

Você responde:

— Eu costumo apreciar a informação que você dá. Porém, quando se trata de entrar em detalhes e inundar-me com dados que me sobrecarregam e que acabam fazendo-me desligar de você: menos é mais.

O VULCÃO diz:

— Tenho de ventilar meus sentimentos reprimidos, não é saudável conter minha negatividade.

Você responde:

— Você compartilha sentimentos honestos; sei que tem boas intenções. Mas quando explode para esfriar às minhas custas, suas palavras parecem lava incandescente.

O VULGAR diz:

— Eu reconheço, minhas palavras são de mau gosto, mas os outros não deviam ser tão pudicos.

Você responde:

— Já encontrei muitas pessoas legais, de ótima reputação e influência significativa que não apelam para brincadeiras e bobagens de mau gosto; isso simplesmente não é necessário.

O INOPORTUNO diz:

— O que eu falei era verdade, não importa que foi na hora errada e no lugar errado.

Você responde:

— O que você me disse era verdade, mas eu não precisava receber tal informação naquela hora e naquele lugar. Por favor, pense sobre o momento e o ambiente em que estamos antes de dividir algo comigo.

O FOFOQUEIRO diz:

— Preciso ser o primeiro a saber e contar, embora eu reconheça que algumas destas coisas não sejam da minha conta.

Você responde:

— Eu não tenho interesse sobre a vida dos outros. Não faço parte do problema ou da solução, nem você. Vamos parar por aqui, para me garantir que você também não esteja falando sobre mim desse jeito.

O BISBILHOTEIRO diz:

— Se não sei os detalhes eu tenho de me meter para viabilizar o avanço da minha causa.

Você responde:

— O interesse de alguém que se importa com as atividades diárias dos outros é bom, mas ser interrogador demais é inconveniente, visto que é uma invasão de privacidade e diz muito sobre seus desejos nada saudáveis por intrigas.

O CANHÃO DESCONTROLADO diz:

— Sim, eu articulo coisas descabidas, sem pensar, mas não por maldade.

Você responde:

— Você tem um bom coração, mas quando estamos com os outros não tenho certeza de que vai guardar minhas confidências. Você diz coisas particulares que os outros não deviam saber, e isso magoa.

O PÉSSIMO OUVINTE diz:

— Admito, escuto com meio ouvido, até eu poder dizer o que quero dizer.

Você responde:

— Preciso que, quando conversarmos, você ouça minhas preocupações. Temos dois ouvidos e uma boca; não deveríamos ouvir duas vezes mais do que falamos? Não digo isso para ferir você, mas para transmitir minha necessidade de ser ouvido.

O REMOEDOR diz:

— Preciso voltar nisto de novo. Não posso largar e seguir em frente até que eu me sinta bem.

Você responde:

— Se os outros nos maltratam, não temos de remoer o incidente. É desnecessário e nada saudável. E quando buscam nosso perdão e mudam de comportamento, remoer revela apenas nossa insegurança, não a insinceridade deles.

O COITADINHO diz:

— Eu tenho tristezas, *tá*? Procuro por qualquer um que vá escutar meus fardos.

Você responde:

— Sentir pena de si mesmo nem sempre é mau. Momentos de melancolia nos ajuda a recobrar forças. Mas você não deveria ficar nesta festa de autopiedade tanto tempo nem convidar outros para participarem. Sua autocomiseração é excessiva.

O ESPIÃO diz:

— Não vejo isto como espiar, mas como monitorar os erros para ajudar as pessoas a melhorarem.

Você responde:

— Não dá para monitorar uma pessoa 24 horas, 7 dias por semana e, ainda que conseguisse, você confrontaria cada detalhe que lhe parecesse questionável? Não é necessário policiar e reportar todos os atos dos outros.

O MAMÃE diz:

— Se os outros não estão me ouvindo, falo do mesmo jeito, porque eu me importo com eles.

Você responde:

— Por se importar, você fala. Mas não discerne quando ultrapassou seus limites, você não tem o direito ou responsabilidade de fazer papel de mãe dos outros.

O TAGARELA diz:

— Detesto silêncio, por isso o ocupo com qualquer coisa que eu esteja pensando na hora.

Você responde:

— O silêncio parece incomodá-lo, e você tagarela aleatoriamente. Jogar um pouco de conversa fora não tem problema, mas nem todos os momentos têm de ser cheios com palavras. Seu silêncio também dá aos outros a oportunidade de comentar.

O EXAGERADO diz:

— Sendo franco, para despertar empatia e mudança em alguém, eu exagero a realidade de modo que perturbe.

Você responde:

— Quando afirma, por exemplo, que ninguém se importa, você aumenta desproporcionalmente seus assuntos. Talvez isso ganhe minha atenção, mas, a longo prazo, não vai ganhar minha empatia. Não acho que isso seja tão real.

O INTERRUPTIVO diz:
— O povo me fala que eu interrompo desnecessariamente, mas o que eu digo é importante.
Você responde:
— Certamente o que você diz tem valor, mas o que os outros dizem também tem valor. Todo mundo deveria ter a chance de participar da conversa sem ser interrompido.

O RECLAMÃO diz:
— Quando não consigo o que quero, eu fico infeliz e acho que tenho direito de me queixar.
Você responde:
— Em certa medida, eu me sinto honrado por ter sido escolhido para ouvir sua indignação, mas, honestamente, nenhum de nós tem uma vida perfeita. E é mais revigorante ser grato do que ser ressentido.

O DISTRAIDOR diz:
— Eu me recuso a ser colocado na berlinda, então desvio o assunto com coisas sem relação.
Você responde:
— Até agora, eu supunha que você e eu tínhamos respeito mútuo, mas você está se evadindo de minhas perguntas continuamente ao mudar de assunto e divagar.

O CENTRO DAS ATENÇÕES diz:

— As outras pessoas são quietas e tediosas, por isso eu busco voltar as atenções para os meus interesses.

Você responde:

— Você me diverte. Mas com certeza temos algo em comum, então podemos ter uma conversa de mão dupla.

O EMPILHADOR diz:

— Quando estou chateado, eu penso em mais uma coisa e falo; não fujo do assunto.

Você responde:

— Eu sei que desapontei você. Nós nos desapontamos. Mas eu não fico trazendo mais coisas durante nossas discussões. Vamos tentar nos manter no assunto em questão e tratar de um item por vez.

AQUELE QUE NÃO ORA diz:

— Talvez eu devesse esperar quietamente em oração, mas sinto que eles precisam ouvir isto agora.

Você responde:

— Antes de falar com os outros sobre Deus, você deveria falar com Deus sobre os outros. Peça a ele discernimento sobre se aquilo que você quer dizer é necessário. Talvez você devesse servir mais. Sabe, pregue Jesus e, se for necessário, use palavras.

CONCLUSÃO

Após debater longamente sobre a importância de a todo momento falar a verdade e fazê-lo com bondade, talvez você tenda a pensar que o "necessário" está abaixo no sistema hierárquico de relevância e que seja algo com o qual não deva perder tempo preocupando-se agora. Mas antes que você siga para o próximo capítulo e perca este de vista, permita-me lembrá-lo novamente do que Jesus disse em Mateus 12:36,37: "Mas eu lhes digo que, no dia do juízo, os homens haverão de dar conta de *toda palavra inútil que tiverem falado*. Pois por suas palavras vocês serão absolvidos, e por suas palavras serão condenados."

Então, quer você seja um Empilhador, um Reclamão, um Canhão descontrolado ou qualquer outro personagem que eu mencionei, lembre-se do alerta de Jesus sobre "toda palavra inútil que [você tiver] falado." Todas as palavras vindas de sua boca contam. Cada uma delas. De acordo com nosso amado Senhor, na vida não existe o botão de deletar.

CAPÍTULO 4

Isto está claro?

MEDITAÇÃO NAS ESCRITURAS SOBRE UM DISCURSO CLARO

"Assim acontece com vocês. Se não proferirem **palavras compreensíveis** com a língua, como alguém saberá o que está sendo dito? Vocês estarão simplesmente falando ao ar."

(1Coríntios 14:9, grifo nosso)

"Ao mesmo tempo, orem também por nós [...] para que eu possa **manifestar o mistério de Cristo abertamente**, como me cumpre fazê-lo."

(Colossenses 4:3,4, grifo nosso)

"**Não compreendem** nem o que dizem nem as coisas acerca das quais fazem afirmações tão categóricas."

(1Timóteo 1:7, grifo nosso)

O que eu quero dizer é [...] Eu não quis dizer que [...] O que é que eu quero dizer com isso?

(1Coríntios 1:12; 5:10; 10:19, NTLH, grifo nosso)

"Sem dúvida, há diversos idiomas no mundo; todavia, nenhum deles é sem sentido. Portanto, **se eu não entender o significado do que alguém está falando**, serei estrangeiro para quem fala, e ele, estrangeiro para mim."

(1Coríntios 14:10,11, grifo nosso)

"**Que significa** 'ele subiu'[...]?"

(Efésios 4:9, grifo nosso)

"**As palavras** 'ainda uma vez' **indicam** [...]"

(Hebreus 12:27, grifo nosso)

"Ele escutou, **examinou** e colecionou muitos provérbios."

(Eclesiastes 12:9, grifo nosso)

"Procurou também encontrar as **palavras certas**, e o que ele escreveu era **reto e verdadeiro**."

(Eclesiastes 12:10, grifo nosso)

"Portanto, Excelência, eu **estudei com todo o cuidado** como foi que essas coisas aconteceram desde o princípio e achei que seria bom **escrever tudo em ordem** para o senhor, a fim de que o senhor pudesse **conhecer toda a verdade** sobre os ensinamentos que recebeu."

(Lucas 1:3,4, NTLH, grifo nosso)

"Começou a fazer-lhes uma **exposição por ordem**."

(Atos 11:4, AA, grifo nosso)

"**Não porém com palavras de sabedoria humana**."

(1Coríntios 1:17, grifo nosso)

"Ao lerem isso vocês poderão **entender a minha compreensão**."

(Efésios 3:4, grifo nosso)

"Suas cartas contêm algumas coisas **difíceis de entender**."

(2Pedro 3:16, grifo nosso)

"Pois nada lhes escrevemos que vocês não sejam **capazes de ler ou entender**."

(2Coríntios 1:13, grifo nosso)

"Vocês escreverão **com bastante clareza** todas as palavras desta lei."

(Deuteronômio 27:8, grifo nosso)

"Ele **falou claramente** a esse respeito."

(Marcos 8:32, grifo nosso)

COMUNICANDO ALGO CLARO

A comunicação está clara para os outros? Quando garoto, eu tinha um dálmata, a quem dei o nome de Fogo. Certa vez, ele fugiu de nosso quintal, então eu sai pela vizinhança chamando:

— Fogo! Fogo! Fogo!

A senhora Lintz veio correndo até a porta de sua casa, gritando:

— Onde?

Eu berrei de volta:

— Não sei.

— Onde está o fogo? – disse ela.

— Não sei, ele fugiu.

E ela perguntou:

— "Fugiu"? Do que você está falando?

Então, lhe contei que meu cachorro chamado Fogo estava perdido. Logo em seguida, ela ligou para os meus pais. Nós mudamos o nome dele.

A sua comunicação está clara para você? Um camarada disse: "Eu posso não ser engraçado ou atlético, nem bonito, inteligente ou talentoso, mas... Esqueci aonde eu queria chegar com isso." Embora seja engraçado, isso representa o discurso diário de alguns. Eles se esquecem aonde querem chegar. É preciso ser claro na exposição da ideias; de outra forma, os ouvintes ficarão mais confusos do que o falante. Os pastores dizem: "Se há névoa no púlpito, há nevoeiro nos bancos."

Anthony Hope Hawkins comentou: "A menos que você seja um gênio, é melhor visar ser inteligível."[62] E mesmo um gênio aprende meios de comunicar claramente a vários grupos. Uma coisa é alguém falar para um ajuntamento de acadêmicos de sua área; outra coisa é ele explicar para as avós qual é sua área. Elas podem não pegar o lado acadêmico, mas todo especialista encontra exemplos que possibilitam a leigos entenderem em certa medida. Um gênio de bom coração tem a sensibilidade de não falar algo que seu público não consiga entender. Antes, ele usa a inteligência para pensar em histórias e analogias que desenhem um quadro que um estudante do fundamental consiga apreciar.

O que defendo é que você consegue e deve ser claro, tendo por base os diferentes públicos com os quais se comunica. A verdade que o outro precisa saber pode e deve ser clara, você pode e deve transmiti-la de modo agradável.

O CERNE DA COMUNICAÇÃO CLARA

A clareza começa no coração. Provérbios 15:28 declara: "O coração do justo medita no que há de responder" (AA). Lemos em Provérbios 16:23: "O coração do sábio instrui a sua boca, e aumenta o saber nos seus lábios".

Quando nosso coração não está envolvido, nós não meditamos nem nos instruímos. Carecemos de um coração diligente para sermos organizados, específicos, precisos, articulados e coerentes. Por outro lado, quando está em nosso coração comunicarmos o que é verdadeiro, bondoso e necessário, estará também comunicarmos isso de modo claro.

Como enunciei anteriormente, eu praticava os primeiros três princípios, sobre bondosamente falar o que é verdadeiro e necessário, mas percebi que nem todo mundo me entendia, porque eu não era claro. Tive de tomar uma decisão de descobrir maneiras melhores de responder. Precisei ensinar a mim mesmo como persuadir melhor do que eu vinha fazendo.

Quando as pessoas em seu círculo dizem: "Não entendi bem o seu ponto. O que exatamente você queria dizer?", então é preciso afiar suas habilidades relacionadas a uma comunicação clara. O melhor dos comunicadores ainda deixa a desejar. Presenciei um editor famoso perguntar a um autor famoso: "O que você quis dizer aqui, nisto que escreveu?" O autor, então, explicou o que ele queria dizer. O editor devolveu: "Mas por que cargas d'água você não falou isso?" Esta cena, que acompanhei de outra sala, há décadas me acompanha.

Se mesmo um grande comunicador tem de seguir aperfeiçoando sua habilidade, o que dizer dos demais?

Será que somos comunicadores nebulosos por sermos comunicadores preguiçosos? Precisamos trabalhar mais duro para sermos claros quanto ao que queremos dizer? Será que precisamos colocar mais nosso coração nisto? Precisamos nos importar o suficiente para sermos claros.

A REGRA DE OURO DA COMUNICAÇÃO CLARA

Não gostamos quando alguém é vago conosco sobre o que é verdadeiro. Detestamos ficar imaginando: *Ele queria mesmo dizer aquilo de maneira rude e desrespeitosa?* E, quando o outro divaga, vemo-nos frustrados, tentando descobrir que ponto essencial ele está defendendo. Nós nos incomodamos com comunicadores nebulosos e preguiçosos. Não favorecemos esses que carecem de disciplina para enunciar bem, escrever de modo legível e usar a gramática adequadamente. Ficamos boquiabertos quando percebemos que, se antes de enviar, a pessoa houvesse lido uma vez mais o que escreveu, isso não soaria tão pouco inteligente.

Não é prazeroso ter de ficar perguntando: "O que você quis dizer com o que acabou de falar? Onde e quando isto aconteceu? Quem estava envolvido? Por que só agora estou ouvindo sobre isto, e como aconteceu? Você não justificou. Como espera que eu responda?" Nós contamos que as pessoas vão pensar bem e bastante para, de modo claro, responderem às perguntas: O quê? Onde? Quando? Quem? Por quê? Como? (que, no inglês, formam a sigla 5W1H).

Mas então surge a questão: Será que usamos o mesmo padrão para nós mesmos?

POR QUE HÁ FALTA DE CLAREZA NA COMUNICAÇÃO?

Considerando que você está comprometido em comunicar o que é verdadeiro, bom e necessário, por acaso você tem mal-entendidos entre familiares, amigos ou qualquer um com quem interaja? Concordamos que tem gente que não ouve com cuidado, mas o outro lado é que você e eu não nos comunicamos com clareza. E por que seria? Analise a lista a seguir. Você encontra alguma semelhança com um destes sujeitos? Se encontrar, considere o comentário sobre a razão para a falta de clareza do perfil respectivo.

O INCONSCIENTE: Às vezes, quando vou conferir, não me dei conta de que os outros não sabem do que eu sei.

O MÍSTICO: Sei o que quero dizer. Só não consigo dizê-lo.

O LANÇADOR DE TEIA: Eu começo em um tópico, que de repente pode disparar uma teia para pontos não relacionados.

O MAL INTERPRETADO: Não interpretaram de acordo com a minha intenção, mas aquelas foram minhas palavras.

O INCOMPLETO: Ocasionalmente deixo de fora coisas vitais, porque não respondo às perguntas do 5W1H.

O INTENCIONALMENTE IGNORANTE: Algumas vezes, eu falo sabendo que estou desinformado ou mal-informado.

O DESORGANIZADO: Nem sempre me expresso de modo muito planejado e organizado.

O ESNOBE: Os outros não entendem por que eles são estúpidos. Não sou eu. Eu sou claro.

O PIADISTA: Eu tento fazer graça, mas alguns recebem como sarcasmo e entendem mal.

O SEM CORTES: Confesso que quando sou tratado com indiferença eu reajo mal, em vez de calmamente editar o que vou dizer para ser claro.

O APRESSADO: Sim, às vezes sou difícil de ser acompanhado. Eu falo muito rápido e faço comentários impulsivos.

O EM CIMA DO MURO: Não me posiciono em nenhum dos lados de um assunto para evitar problemas com todos os lados.

O PROVOCADO: Quando estou aborrecido, eu reajo de maneira que parece irracional e confusa.

O INDECISO: É, quando estou indeciso, minha demora deixa os outros incertos sobre meus desejos.

O RELATIVISTA: Não me perturbo com as minhas contradições. A verdade é o que eu digo que é no momento.

O HUMILDE: Eu não quero que pareça uma autopromoção, então encubro minhas competências.

O ULTRASSENSÍVEL: Por não querer ferir as pessoas, eu retenho o que é claramente verdade.

O ENTONADO: As palavras que eu falo são sinceras e claras, mas meu tom severo deixa as pessoas aturdidas.

O EXAUSTO: Eu não penso nem me comunico bem quando estou muito cansado, especialmente à noite.

O FANIQUITO: Quando fico apavorado, eu piro na batatinha e deixo os outros enervados e inseguros.

O HIPÓCRITA: Admitido, o que eu digo soa vazio quando minhas ações não condizem com minhas palavras.

O INCONSCIENTE

ISTO ESTÁ CLARO?

Eu me encontrei com quinze profissionais para receber a opinião deles sobre este livro. Gravei a reunião e tenho seu conteúdo transcrito. Quando voltei às transcrições, eu me surpreendi com as coisas que deixara passar. Da mesma forma, houve momentos em que várias pessoas me recomendaram fazer isto ou aquilo, e era perceptível que elas pensavam que eu conhecesse isto e aquilo como a palma da minha mão. Lembro-me de pensar, logo que as ouvia: *Eu não tenho certeza se sei fazer o que você está sugerindo.* É interessante que, durante esse tempo, eu nunca parei nenhuma delas para dizer: "Não sei do que você está falando, não exatamente" ou "Isto não está muito claro para mim."

Nós simplesmente continuávamos conversando. As pessoas não tinham consciência de que eu não sabia o que elas sabiam. Elas apenas presumiam que eu soubesse o que elas sabiam. Ninguém perguntava: "Emerson, nós jogamos um monte de informação para você, algo aqui não ficou claro?"

Um amigo meu, um grande negociador e construtor, engajava clientes e pessoas ao conversar sobre sua proposta, mas o fazia em pequenas etapas. Ele perguntaria, então: "Faz sentido para você?" E continuamente solicitaria um retorno. Como seus projetos custam dezenas de milhões de dólares, e municípios e organizações precisavam assinar embaixo, ele sabia que era crucial nunca presumir que o outro estava aceitando o que ele falava ou entendendo o que ele dizia. Mesmo quando as pessoas diziam que a coisa fazia sentido, meu amigo perguntaria: "De que modo isto faz sentido para você?"

Ao conversar com outras pessoas, muitas delas parecerão saber o que você sabe, mas como a maioria é insegura e não quer parecer estúpida, poucas se colocarão na posição de dizer: "Eu não sei do que você está falando." Os outros até mesmo assentirão com a cabeça e o orador poderá supor que eles estão acompanhando e concordando, para, mais tarde, descobrir que a mensagem foi complicada demais para os ouvintes. Ele segue falando de multiplicação e divisão, mas eles não haviam aprendido nem a somar e subtrair. Embora tudo o que, gentilmente, foi comunicado sobre multiplicação e divisão fosse verdadeiro e necessário, antes se deveria ter, gentilmente, comunicado o que era verdadeiro e necessário sobre soma e subtração. O orador se adiantou e os ouvintes ficaram confusos.

Antes de enviar algo, você deve se perguntar: *Esta pessoa está na mesma página que eu?* Quando você está inconsciente da ignorância do outro, mas conversa como se ele soubesse do que você está falando, você não será claro.

O MÍSTICO

Quando alguém diz: "Sei o que quero dizer, só não consigo me expressar", na verdade, ele não sabe o que quer dizer. Você pensa com palavras. Se não tem as palavras em seu cérebro, então você não sabe o quer dizer em seu cérebro.

Reconhecidamente, tentar descobrir com exatidão o que se sente e se pensa demanda reflexão. É preciso pensar sobre o que se está pensando e sentindo. Por exemplo: *Por que estou deprimido? Estou deprimido mais por causa da gripe do meu filho ou estou deprimido mais por causa da briga que tive com meu cônjuge?* Algumas vezes, perde-se de vista aquilo que o está incomodando mais profundamente. Isso é diferente de dizer: "Sei de modo muito claro o que me incomoda mais profundamente, mas acho absolutamente impossível contar para qualquer um com quaisquer palavras."

Quando busca informar, ou você sabe a informação, ou não sabe. Quando busca persuadir o outro, ou você sabe o objetivo da sua persuasão, ou não sabe. Quando busca tocar o coração de alguém com palavras de amor, ou você sabe o que deseja transmitir sobre suas afeições, ou não sabe.

"Mas, Emerson, eu consigo dizer o que quero, mas sempre sai de modo simplista." Desde que você fale o que quer dizer, já é meio caminho andado. Agora você só precisa desenvolver a habilidade de comunicar melhor o que quer dizer. Você precisa organizar seus pensamentos e comunicá-los de um jeito ordenado.

Até o apóstolo Paulo trabalhou em transmitir o que ele intencionava. São encontrados comentários como: "O que eu quero dizer é", ou "Eu não quis dizer que", ou "O que é que eu quero dizer com isso?" (1Coríntios 1:12; 5:10; 10:19, NTLH). Ele se explicaria em uma linguagem clara.

O próprio Paulo disse em 1Coríntios 14:9: "Se não proferirem palavras *compreensíveis* com a língua, como alguém saberá o que está sendo dito? Vocês estarão simplesmente falando ao ar." Ele até pediu oração sobre isso. Aos colossenses, escreveu: "Ao mesmo tempo, orem também por nós [...] para que eu *possa manifestá-lo abertamente, como me cumpre fazê-lo*" (Colossenses 4:3,4).

Nunca envie uma comunicação na qual você tenha escrito: "Sei o que quero dizer, só não consigo me expressar." Consiga antes.

O LANÇADOR DE TEIA

Até pode ser que as pessoas que fazem teias de aranha sejam coerentes e saibam exatamente aonde querem chegar na conversa, mas os outros ficam perdidos. Recordo de uma mulher, uma boa amiga nossa que amava contar histórias. E quando seis ou oito casais jantavam na casa de um deles, ela se lançava em uma história. O que eu achava fascinante era que as mulheres ficavam sentadas na ponta da cadeira enquanto ela recontava o que lhe acontecera no dia anterior. Contudo, para o resto de nós, ela parecia uma confusão só. Ela esteve em uma loja, então viu uma professora velhinha que tivera no Ensino Médio, o que a levou a comentar sobre seu desgosto por história mundial, mas também a fez pensar na mãe idosa, com a qual ela tinha de conversar sobre ir para a casa de repouso, que tinha uma assistência médica ótima, o que lhe fez lembrar de um médico que trabalhou lá, de quem ela tinha sido babá e que ainda não sabia combinar roupas, o que a impelia a perguntar: "Você gostou deste novo conjuntinho que estou usando?" Enquanto ela falava, um pensamento disparava outro pensamento, que disparava outro pensamento. Nada era completado e nada parecia estar conectado.

Conforme eu a estudava, percebia que ela tinha uma meia dúzia de pontos, todos pendurados por aí. A maioria das mulheres ria do humor dela, enquanto acompanhavam tudo. Nesse meio-tempo, os homens estavam zonzos e, dois deles, dormindo, e acho que o marido dela estava ligando para a casa de repouso, para ver se tinha lugar disponível para ele. Mas, por fim, ela conectava todos os pontos importantes. Embora alguns fios ficassem balançando, outros estavam belamente tramados em uma narrativa que nos fizera rir.

Alguns lançadores de teia são divertidos. Se você não faz parte desse grupo, e as pessoas acabam lhe perguntando: "Aonde exatamente você quer chegar com isso?", então você precisa controlar seus pensamentos. Você precisa manter, seja lá o que desejar dizer, em três pontos simples, em especial quando apresentar algum conteúdo.

Os pregadores sempre ficam com três pontos, porque é praticamente tudo que as pessoas conseguem lembrar, ou, mais importante, seguir. Se há um ponto adicional, com sorte, ele entra em um dos outros três. Bons comunicadores tornam a coisa o mais simples possível, não apenas para se lembrar do que disseram, mas para descobrirem aonde, originalmente, estão indo ou o que acabaram de falar. Um velho pregador interiorano costumava dizer: "Eu falo *preles* o que vou *falá preles*. Aí eu falo *preles*. Aí eu falo *preles* o que eu falei *preles*."

No mundo de hoje, com acesso fácil e imediato a tantas informações, um único indivíduo jogando uma tonelada de informação com nenhuma conexão aparente será, na maior parte, ignorado. O cérebro do ouvinte não consegue processar incoerência.

O MAL INTERPRETADO

É conhecida a ideia: "Fale o que quer dizer e queira dizer o que você falar." Algumas vezes, no calor do momento, as pessoas vociferam coisas que não são o que querem dizer. Exageram. Um marido berra: "Ninguém conseguiria amar você!" Mas não é o que ele pensa. Ele quer dizer: "Eu, exatamente agora, não gosto de você, por causa de suas atitudes. Você não é amável." Ele está ferido e bravo. Claro que esposa não tornaria isso pessoal, Sentindo-se muito mal-amada, ela responde incisivamente: "Você me odeia! Sempre me odiou. Você nunca me amou!" As coisas se intensificam a partir daí.

As expressões "nunca" e "sempre" resultam em problemas. Durante brigas é melhor refrear esses comentários. Eles são imponderados e insensíveis.

Uma mulher disse-me: "Agora entendo que, quando menciono uma coisa material (como um carro novo, uma casa nova, um eletrodoméstico novo), [meu marido] é profundamente atingido e sente-se mal por não poder *prover* tudo que eu quero. Explico para ele que, só porque eu fiz um comentário sobre alguma coisa, não significa que eu a *queira*, mas, mais provavelmente, eu apenas a admire."

É preciso reconsiderar quando se diz coisas que são mal-entendidas. Uma mulher estava apresentando minha filha Joy:

— Esta é Joy. É ela que faz todos os vídeos na internet e geralmente não se importa com a aparência dela.

Minha filha respondeu:

— O que você disse?

A moça corrigiu:

— Oh, eu não quis dizer nesse sentido.

Muitos ficaram maravilhados com a transparência de Joy, pelo fato de ela publicar fotos dela mesma na infância, especialmente durantes aqueles anos estranhos do começo da adolescência, quando ela usava aparelho e pesava mais do que o ideal. Várias pessoas se identificam com ela, mas não ousam fazer a mesma coisa, por falta de confiança. Independentemente disso, aquela moça deixou escapar algo sem pensar. O que ela queria dizer era mais positivo, mas soou, para todos os que ouviram, como uma observação desprezando Joy.

Certa pessoa me escreveu: "Antes eu não considerava realmente como [o outro] interpretaria o que eu dizia, desde que eu dissesse o que estava sentindo. [… Agora] parece que não tenho mais falado tanto o que não devo." Ela pensa antes de falar.

O fato de você ser bem-intencionado não é motivo para crer que os outros entenderão sua intenção. Se frequentemente você se pega dizendo: "Eu não quis dizer como soou", então precisa trabalhar mais duro para ser mais claro. Você está desperdiçando um monte de energia emocional. Portanto, antes de falar, precisa perguntar-se: *O que esta pessoa vai ouvir quando eu falar deste modo?*

O INCOMPLETO

As pessoas fazem a você perguntas como: "O que ou de quem você está falando? Por que você está falando sobre isto?"? Ou: "Quando e onde isto aconteceu? Como você espera que eu responda?" Caso o façam, você precisa ser mais claro.

Rudyard Kipling tinha uns conselhos muito bons: "Eu disponho do serviço de seis honestos homens (me ensinaram tudo que sei); chamam-se O quê? Por quê? Quando? Quem? Onde? Como?"[63]

Alguns aprenderam, ainda cedo, sobre os 5W1H (sigla formada pelas iniciais em inglês): Quem? O quê? Quando? Onde? Por quê? Como? Embora não seja necessário responder a essas perguntas em toda comunicação, elas servem como um grande lembrete e guia para você ser mais compreensivo. Nos casos em que são essenciais, se forem ignoradas pelo locutor, os ouvintes ficarão coçando a cabeça em confusão.

Por exemplo, um indivíduo manda um e-mail para uma colega gerente em outro departamento: "Ei, Teresa, em algum momento, nos próximos dias, eu gostaria de falar com você sobre o David." Ora, há dois Davids nos dois departamentos, logo, a quem ele está se referindo? E quem está responsável para marcar a reunião nos próximos dias? E quando, exatamente, nos próximos dias, e onde? E qual o motivo da reunião? É um falar bem ou falar mal sobre esse David? Esse e-mail não responde o porquê, o quem ou o quando. Então Teresa fica imaginando o que, ora essa, estaria acontecendo.

Os "seis honestos homens" removem confusão. Se você vai levar consigo alguma coisa desta seção, aplique os 5W1H como um esquema fundamental na troca de comunicações.

O INTENCIONALMENTE IGNORANTE

Certo professor idoso palestrara durante muitos anos baseado em determinada pesquisa, mas quando uma nova pesquisa contradisse suas descobertas anteriores, ele intencionalmente ignorou esses avanços. Em vez de mudar suas anotações e aprender com a informação nova, ele se fez de cego para as mudanças em sua área. Seria muito trabalhoso corrigir as apresentações de suas aulas. O professor continuou ensinando como o fizera ao longo dos anos, embora soubesse que seus alunos estariam mal-informados, porque ele escolhera estar também.

Nos tribunais isso é chamado de "cegueira deliberada" ou "ignorância fingida". Por exemplo, para evitar responsabilidade legal, alguém intencionalmente se mantém ignorante dos fatos. Aqueles que aderem à tática dizem: "Não me diga a verdade ou os fatos. Deixe-me ignorante, assim, quando for perguntado pelas autoridades, eu posso honestamente dizer que não sei." É claro que os juízes e advogados tentam revelar se essa pessoa está buscando uma negação plausível.

Mas há outro ângulo sobre saber que não se sabe. Em círculos políticos, a regra geral é nunca admitir que errou ou que não sabe algo. Deste modo, fique falando em uma entrevista para soar como um especialista, mesmo tendo consciência, o tempo todo, de que você não sabe. Sentindo-se na berlinda e determinado a nunca estar errado, enquanto plenamente ciente de que a informação é insuficiente ou incorreta, continue movendo os lábios, escorregando e esquivando-se o melhor que suas habilidades polêmicas o permitem.

O mesmo estende-se aos negócios. O CEO pode perceber-se mal-informado e ainda manter a aparência de estar por dentro da informação certa. Contudo, após deixar a reunião, cabeças rolarão.

O chefe desembucha para os assistentes: "Nunca mais me coloquem em uma situação daquelas de novo!"

Eu, às vezes, pergunto-me por que tais pessoas não dizem: "Eu não tenho a informação certa aqui. Estava comunicado incorretamente." Por que não dizer, então: "Honestidade é a melhor política, exceto quando eu penso que não é"?

Se você não sabe, não envie informação que dá a impressão de que você sabe. Isso seria comunicação inverídica, e as pessoas não se sentirão apenas enganadas, mas também confusas sobre o que é fato e o que é ficção. É melhor dizer: "Eu vou precisar voltar depois a você. Percebo que a informação que eu tenho é insuficiente." Claro, você precisará voltar a elas depois, quando estiver corretamente atualizado. A boa notícia é que a maioria das pessoas darão a você mais tempo para se reciclar.

O DESORGANIZADO

Muitas vezes eu não fui claro, por ser desatento, não sequenciado e incompleto. Um editor disse-me: "Isto não está bem pensado. Por exemplo, suas respostas não servem às questões." Outro editor recomendou que eu desse título aos meus parágrafos, visto que me forçaria a esclarecer na minha mente qual era o ponto principal com aquelas frases. Todos precisamos nos perguntar: *O que estou tentando dizer aqui? E eu estou dizendo isso?*

Quando escrevo uma publicação no blog, gosto de me fazer três questões: *Qual é o problema central? Por que isso é um problema? Como esse problema é resolvido?* Elas ajudam meu cérebro a organizar-se mais rapidamente e pensar de modo mais compreensível.

Quando escrevo um e-mail e tenho mais de um ponto a tratar, eu os numero. Numerar me força a refletir com antecedência sobre os pontos exatos, mas também deixa o destinatário saber claramente que há várias ideias.

Sarah diz para mim, sobre alguma coisa que eu tenha escrito: "Leia isto em voz alta para você mesmo." Ouvir o que eu li permite-me editar o que soou duvidoso. Algumas vezes eu envio para outras pessoas, pedindo por opinião: "Isto está claro?" Geralmente, eu deixo o tempo passar sobre o que estou comunicando, tomando uma distância do conteúdo. Isso me permite reler com olhos renovados. Sempre me surpreendo com as coisas que deixei de ver assim que escrevi meus pensamentos.

Quando contam-me, por e-mail, sobre o próprio casamento, às vezes as pessoas ficam emotivas e impressionadas. Nesta condição, elas podem pular direto para falar de suas dificuldades. Contudo, algumas vezes, eu levo alguns minutos para descobrir exatamente qual é a raiz do problema que as impulsionou a escrever-me. Fico incerto sobre o que elas querem de mim. Um indivíduo desses pode começar dizendo: "Estamos sob uma pressão financeira como nunca antes experimentamos, e eu tenho problemas de saúde que aumentam nossas despesas. Isso tem levado a muitas discussões." Eu fico pensando: *Será que a questão é o orçamento apertado, que está causando as brigas, e ele quer um conselho sobre finanças?* Cinco parágrafos depois (quando há algum parágrafo), ele escreve: "Certo, o motivo pelo qual estou escrevendo é que minha esposa teve um caso, cinco anos atrás, e eu ainda estou lutando para perdoar." Ele deveria ter dito logo de cara no e-mail, mas alguns remetentes simplesmente começam escrevendo (ou falando) e esperam que suas palavras sejam organizadas pelo outro. Esperam que o ouvinte leia sua mente. Por saberem o ponto principal do que dizem, eles esperam que a outra pessoa também o saiba.

Quando se comunica, você precisa fazer uma longa pausa para perguntar-se: *Qual é a ideia geral aqui?* Enuncie esta ideia de imediato e fique nela; de outra feita, você confunde os outros e parece confuso. Não importa o que intencione comunicar, isso será sobrepujado pela desorganização e incoerência.

Todos precisam perceber que podem ser como o pregador, ao púlpito, que começou com o texto bíblico, saiu do texto e nunca retornou a ele. Os pastores todos, como eu, riem disso, porque somos culpados. Pode ser que tivéssemos um ponto principal em mente, nossos pensamentos estão tão espalhados devido à falta de preparação que perdemos o rumo. E o que é pior, as pessoas saem com a pergunta: "Qual exatamente era o ponto dele?" Essa reação me faz lembrar de um garotinho que disse ao pastor: "Quando eu ficar mais velho e tiver dinheiro, vou dar um pouco para você." O homem agradeceu ao menino e perguntou o motivo para aquilo. "Porque meu pai disse que sua pregação é a mais pobre que ele já ouviu."

O ESNOBE

Perdido em uma estradinha na Flórida, um casal parou no acostamento, onde estava parado um fazendeiro, ao lado de uma caixinha de correspondência.

— Como faz para chegar a Sanford? — perguntou o casal.

— Meu cunhado me leva — respondeu o homem.

Este casal poderia culpar o fazendeiro de ser burro ou poderia tentar de novo com: "Isto é ótimo. Quando seu cunhado o leva, qual caminho ele faz?"

Quando há uma confusão, eu procuro refrear-me de atacar, acusando a pessoa de não ter ouvido atentamente (o que até pode ser o caso). Em lugar disso, empenho-me em comunicar novamente, mas de modo mais claro. Eu não apelo, somente gasto um tempinho a mais falando. Afinal, o que haveria de bom em mostrar uma atitude de desprezo para com a outra pessoa, como se ela não fosse inteligente?

Nesses incidentes, eu puxo a responsabilidade para mim mesmo, para aperfeiçoar minhas habilidades de comunicação. Isso impede que eu me sinta como vítima vulnerável à desatenção das pessoas. Mesmo que elas não estejam ouvindo plenamente, é melhor que eu diga: "Acho que não fui muito claro. Deixe-me explicar novamente. O que estou tentando dizer é…" Após reformular o que eu disse, posso perguntar: "Isto faz mais sentido?" É apenas bom senso, e esse retorno assegura-me de que fui mais claro. É algo tão simples de fazer, embora demande algum tempo a mais do que eu gostaria.

Apenas o Esnobe diz: "Eu sou melhor e mais esperto do que todos os outros, e não fico repetindo para pessoas que deveriam ter escutado da primeira vez." Essa atitude pode explicar por que os outros não o estão ouvindo de primeira.

O PIADISTA

Certo tipo de sarcasmo é amorosamente inocente e engraçado. Os pais dizem: "Dinheiro não é tudo na vida, mas ele mantém você em contato conosco." Mas há sarcasmo que é mordaz. Um empregado diz ao seu superior: "Eu trabalho duro desse jeito, quarenta horas por semana, para ser pobre assim?" Será que a outra pessoa recebe a piada como algo engraçado ou desagradável?

O sarcasmo pode ser usado para enfatizar algo? Não se o outro interpretá-lo como uma ofensa. Se você diz alguma coisa sem a intenção de ferir, mas é interpretado como danoso, você não foi claro e enviou a mensagem errada. Um diretor, por exemplo, diz a um novo funcionário que arruinou uma venda com um cliente: "Eu vejo você como alguém excepcional." Logo depois, o novo funcionário pede demissão.

Sarcasmo raramente é uma técnica efetiva de ensino. Em vez disso, ele ofende, como quando um membro da família diz algo óbvio e alguém comenta: "Quanta esperteza, Sherlock Holmes! Quem pensaria nisso?" Quando o primeiro desanima e expressa ter ficado ferido, o Piadista devolve: "Estou só brincando. Você não aguenta uma piada?" Se não pareceu engraçado, algo não ficou claro. Não é uma piada quando o sujeito sente que ele foi alvo da piada.

Talvez o sarcasmo seja um dos erros mais comuns cometidos pelas pessoas depois de enviarem uma mensagem. A maioria dos que recebem entendem como desrespeito. É preciso perguntar-se: *Embora eu ache este um comentário bem-humorado, será que a outra pessoa vai ouvir como algo ofensivo?*

A palavra grega para sarcasmo, *sarkazein*, significa: "rasgar a carne como faz um cachorro". Quando o sarcasmo não é realmente visto como uma piada, as pessoas concluem que é um insulto disfarçado. Elas acreditam que o suposto humor reveste uma crítica bem assentada. De fato, o sarcasmo parte o coração mais do que uma confrontação direta ao assunto. Ele corrói. Por isso, quando se está verdadeiramente tentando ser engraçado, ao ver o ânimo da outra pessoa murchando, é necessário repensar.

O SEM CORTES

Fui ofendido. Escrevo, leio, edito, releio, edito, releio, espero, releio, edito e, então, envio. Que tal seria viver assim? Muito exaustivo? Talvez. Mas esse processo é vital quando estamos irados ou ofendidos.

Pode ser que você já tenha ouvido a expressão: "Eu fiquei tão bravo que não conseguia ver direito." De fato, isso é verdade. Quando ficamos muito bravos, não conseguimos ver direito ou, ao menos, prestar atenção às coisas que deveríamos. Isso é prontamente observado quando as pessoas ficam lívidas e disparam um e-mail. Elas dizem coisas que não queriam e depois se arrependem. Exageram em defesa própria e, de modo conveniente, deixam de fora informações autoincriminatórias. Elas atacam o outro em vez de somente tratarem do assunto.

Como eu disse anteriormente, e merece ser repetido, quanto mais aborrecido você estiver por alguma coisa, mais sábio é deixar passar 24 horas antes de responder e, durante esse tempo, é bom rever o que deseja comunicar. Durante momentos acalorados, o potencial para a comunicação duvidosa aumenta, correndo-se o risco de criar problemas maiores.

Mesmo quando as emoções não estão a mil por hora, o desleixado envia a mensagem errada. Quantos, por exemplo, já receberam, de alguém que alega conhecê-lo bem, um e-mail ou carta com seu nome escrito errado? Meu nome é Emerson, não Emmerson. O nome de minha esposa é Sarah, não Sara. Essas pequenas falhas fazem uma enorme diferença em sentirmos, ou não, que o remetente realmente nos conhece.

Certa vez, recebi um e-mail que continha, no topo, a frase entre colchetes: [*insira nome aqui*]. Ninguém digitou meu nome, contudo, deveria ser uma nota *pessoal*.

E o que dizer das vezes em que recebi um contrato oficial de uma organização expressando prazer em fazer negócios comigo? A organização expressava, na carta de apresentação, quão especial eu era para ela. Entretanto, quando eu li o contrato, estava lá o nome de outra pessoa. Era uma carta modelo, e os responsáveis haviam se esquecido de remover aquele nome e inserir o meu. Eu já não me sentia nada especial.

Tais equívocos como esses podem ser erros inocentes, devido às distrações, compreensíveis. A pessoa tem muitos formulários para enviar em um curto período de tempo, e erros previsivelmente acontecem. Mas, com frequência, voltando no tempo, é possível desvendar algo mais. A funcionária do escritório acabara de ter uma briguinha com um colega. Sentindo-se magoada e ofendida, ela perdeu o foco. Enquanto martelava na cabeça os comentários grosseiros e mentirosos, a moça colocou meu contrato dentro do envelope e o enviou sem conferir a grafia do meu nome, ou se meu nome estava, de fato, no contrato.

Talvez você não seja uma pessoa preguiçosa, mas pode acabar agindo assim quando está ferido, ofendido ou irado. Você deixa de reler e editar o que escreveu.

Antes de enviar algo, você precisa entrar em sintonia com seus sentimentos e se perguntar: *será que eu estou tão bravo que não consigo ver direito?* Se estiver, é de esperar que será desleixado. Quanto mais importante for a comunicação, menos você pode dar-se ao luxo de cometer erros gritantes. Acalme-se, dê, um tempo e releia a mensagem quando a mágoa e a raiva não estiverem controlando-o nem fazendo você cometer deslizes lamentáveis.

O APRESSADO

São comuns os comerciais nos quais o profissional anunciante, falando mais rápido do que um leiloeiro, segue uma lista de alertas e restrições sobre o produto. Ele fala tão rápido que, por fim, ignoramos o que ele disse.

As pessoas conseguem ouvir 4 mil palavras por minuto. O cérebro ouve mais rápido do que a boca consegue falar. Mas quando há um discurso acelerado constante, o cérebro bloqueia o que está sendo dito. A pausa traz a pessoa de volta ao foco.

Precisamos desacelerar. Embora nossa intensidade nos ajude a pensar melhor, ela nos leva a falar rápido. Deixamos escapar informações conforme nos vêm à mente, quase no impulso. Não apenas pecamos pela falta de clareza, visto estar tudo desconexo, mas também acabamos dizendo o que não deveríamos.

No tribunal de justiça, as testemunhas são instruídas a, quando estiverem sob juramento, não falar muito rápido. Se ficarem nervosas, elas podem acabar afobadas para responder. Na pressa, são descuidadas e isso confunde o júri e o juiz. É por essa razão que a testemunha é orientada a agir com calma; caso não entenda algo, ela deve pedir que a questão seja reformulada.

Porventura, nas mídias sociais, você se apressa em expressar opiniões sobre um determinado casamento sem tê-lo estudado ou analisado previamente? *Esqueça os fatos, vou logo defender minha opinião:* "Divorcie-se deste vagabundo!" *Declaro isso embora tenha ouvido apenas três frases de uma esposa sobre seu, suposto, marido abusivo. Embora eu não a conheça e não tenha ouvido o marido e os três filhos adolescentes, o que importa? Uso meus dedos ligeiros para fazer, em dois tuítes, meu editorial sem fonte de pesquisa. Afinal de contas, quem tem tempo de ficar quieto, acalmar-se, pensar, reunir todas as informações, orar e, só depois, falar?*

A única coisa que salva é o fato de que poucos estão prestando atenção ao dogmatismo estreito da declaração: "Divorcie-se deste vagabundo!", visto que eles estão obcecados em defender o próprio sagrado, embora vazio, trechinho de algum outro tópico.

O EM CIMA DO MURO

Você, por acaso, tem tamanho medo de conflito e rejeição que fica com um pé aqui, outro acolá nos assuntos? Você está disposto a comprometer aquilo em que pessoalmente acredita, a fim de ficar fora de encrenca? Isso não vai funcionar com duas pessoas que diferem. Você precisa fazer uma escolha. A falta de clareza nunca é permanente ou permitida.

Lembro-me de ter rido em voz alta quando ouvi pela primeira vez o dito: "Quem fica se equilibrando em cima do muro vai acabar caindo." Pensemos sobre a dor que resulta de uma indefinição nos negócios. Uma pessoa responde encorajando ambos os lados de uma discussão entre os funcionários, o que a permite fugir de ter de tomar uma posição durante algum tempo. Pela sua falta de clareza sobre o que acha ser a decisão certa, ela é poupada dos problemas. Em seus memorandos, ela é vaga e ambígua. Todavia, como acontece na maioria das divergências, pedem por uma votação. A pessoa não pode mais permanecer indecisa e descomprometida. Quando os dois lados percebem que ela tem escapulido, eles exigem uma posição firme de um ou de outro lado do muro. Por infelicidade, devido à sua esquiva enganosa, nenhum dos lados a respeita muito. Exatamente o que buscava evitar, a pessoa acaba causando.

Por mais difícil que seja, você deve decidir que lado melhor reflete suas convicções. Isso é duro, mas você tem de fazer logo no começo o que vai acabar tendo de fazer no final, quando convocarem uma votação. Ao afastar o inevitável, você afasta as pessoas. Ao tentar deixar ambos os lados felizes, por apoiar um e ficar contra o outro, você deixa os dois lados tristes por causa de suas artimanhas.

O PROVOCADO

Uma mulher enviou-me um e-mail:

> Meu marido diz que eu sou hostil para com ele e que minha raiva é descontrolada. Ele me chama de abusiva. Quando discutimos, meus gestos físicos são geralmente agressivos, eu falo rápido, alto e dramático. Às vezes, sou sarcástica e xingo. Ele também sente que minha ira é frequentemente descabida, e que nunca sabe quando eu vou explodir. Muito disso é verdade [...] No passado, ele diz que evitava vir para casa, porque não sabia o que encontraria quando chegasse aqui; se me encontraria feliz, deprimida, brava ou distante.

Em defesa dela, essa esposa provavelmente sentiu-se ferida e provocada. E da mesma forma que ela, quando você está aborrecido e ofendido, será que parece, para aqueles à sua volta, que você se desequilibrou emocionalmente, parece imprevisível ou até irracional? Aquilo que você diz faz pouco sentido? Após se comunicar de um jeito exaltado, as coisas podem ser questionadas? Você deixa os outros duvidando de seu caráter?

Em uma reunião municipal, por exemplo, uma pessoa sente-se ignorada como cidadã e, por conseguinte, provocada porque foi tomada a decisão de colocar uma torre de celular perto de sua casa. Sentindo-se impotente para persuadir o município a mudar os planos, ela ameaça o conselho. "Vocês não me deixam alternativa a não ser processá-los e, depois disso, vou buscar a cassação de cada um dos membros desta junta." É claro que nenhuma dessas coisas acontece após a noite daquela reunião. Eram ameaças vazias. Mas alguns ali no encontro, que são vizinhos próximos da pessoa provocada, concluem que ela tem a intenção de fazer as duas coisas. Quando não faz nada, os outros ficam confusos. Com o passar do tempo, os vizinhos veem que ela, quando provocada por alguma injustiça para consigo, fica emotiva e irracional. Eles sabem que a vizinha está indignada, mas acham que ela não soube lidar bem com a situação, até parece que se descontrolou e reagiu de modo exagerado. Ela é dramática demais para eles.

Quando é menosprezado e ferido, sua comunicação faz com que os outros o vejam como alguém que é facilmente provocado e, por fim, não razoável e com um temperamento difícil?

O INDECISO

Tomar decisões pode ser difícil se a situação for permanente. Será que eu devo desligar os aparelhos de minha amada avó? Todos lutam com decisões assim. Mas, mesmo nesse caso, uma escolha tem de ser feita. Não posso deixar a comunidade médica no escuro. Preciso comunicar minha decisão.

E quanto ao casamento? A cena clássica se refere a um casal cujo namoro dura um ano. Ela acredita que ele é seu príncipe encantado e deseja o casamento. Ele não propôs casamento, embora a ame. Ela se encontra confusa e frustrada: *se ele me ama, por que não me pediu em casamento?* O silêncio e a indecisão dele deixam-na completamente perplexa. Por fim, ela termina o relacionamento e começa a namorar outro com quem se casa alguns anos depois.

Homens e mulheres já me contaram ter recuado como esse camarada. Quando estavam com receio, eles protelavam. Quando se sentiam confusos, eles confundiam a outra pessoa que, ao final, seguiria em outra direção. Um homem contou-me que tinha um profundo arrependimento por haver perdido a mulher com quem achava que devia ter se casado, mas a relutância dele em tomar certas decisões deixou-a incerta sobre o rumo do relacionamento, e ela casou-se com outro.

Em contrapartida, eu tenho orientado homens e mulheres que entraram em pânico com a ideia de estarem cometendo um erro por casarem-se com uma determinada pessoa. Levei-os a pesarem a compaixão e sabedoria daquela pessoa e apelarem para isso. Dois casos desses me vêm à mente, os quais têm, até hoje, cerca de trinta anos depois, um casamento feliz com a pessoa daquela ocasião.

Não estou tecendo comentários sobre se alguém deve ou não se casar. Em vez disso, uso esses exemplos para mostrar que procrastinação, adiamento e indecisão nem sempre são atitudes positivas.

Eu poderia voltar para a escola.
Eu poderia juntar-me à YMCA.
Eu poderia levantar verbas para algum projeto social.
Eu poderia voluntariar-me na igreja.
Eu poderia candidatar-me para determinado cargo.
Eu poderia juntar-me àquele estudo bíblico.
Eu poderia...

Uma postura indecisa e parada deixa as outras pessoas loucas. Às vezes, é melhor tomar uma decisão nem sempre favorável e mover as coisas adiante do que não tomar decisão nenhuma e deixar as pessoas esperando e se indagando.

O RELATIVISTA

A verdade é relativa? Não, quando diz respeito à construção de uma casa de três andares. Quem contrataria uma empresa de construção que adere à ideia de que as configurações matemáticas sobre a tensão estrutural não são importantes, visto que a verdade é relativa?

ISTO ESTÁ CLARO?

Nos *campi* de universidades, alguns professores falam com eloquência sobre a verdade sempre ser relativa. Um estudante contou-me que levantou a mão em uma aula na qual o professor palestrava sobre não haver verdades absolutas. Ele perguntou: "Professor, você está dizendo que estupro nem sempre é errado?" A batata quente política disparou uma discussão na aula, o que acabou com a turma — cheia de mulheres — acreditando em verdade absoluta. Algumas coisas são inerentemente más, erradas ou falsas. É sempre errado estuprar alguém, e é sempre errado acusar alguém de haver estuprado você quando, na verdade, isso não aconteceu.

O interessante é que a maioria dos relativistas expressa-se eloquentemente sobre seu relativismo, mas, no cotidiano, eles mantêm, com firmeza, certas crenças, de maneira muito dogmática, e acabam contradizendo suas alegações de que não há absolutos. Aqui eles dizem uma coisa, mas ali, vivem outra. Certamente, deixam o povo confuso sobre o que acreditam, por causa das suas gritantes contradições. Stephen Hicks ilustra isso:

> Por um lado, toda a verdade é relativa; por outro lado, o pós-modernismo nos conta as coisas como elas realmente são. Por um lado, todas as culturas são igualmente merecedoras de respeito; por outro lado, a cultura ocidental é unicamente destrutiva e má. Valores são subjetivos — mas sexismo e racismo são realmente maldade. A tecnologia é ruim e destrutiva — e é injusto que algumas pessoas tenham mais acesso à tecnologia do que outras. Tolerância é bom e dominação é ruim — mas quando o pós-modernismo vem ao poder, o politicamente correto o segue.[64]

Quando você contradiz os próprios princípios que defende, as pessoas que o conhecem dirão: "Você não pode ter as coisas dos dois jeitos. Seja claro. Em que você realmente crê? Você está dizendo isso por causa de uma conveniência egoísta ou por causa de convicções de coração? Um homem careca não consegue vender tônico capilar."

O HUMILDE

Liz foi imprecisa sobre seu desejo de crescer na carreira, porque não queria ser vista como orgulhosa e como quem se autopromove. Ela não foi clara sobre seus desejos e objetivos por medo de que o CEO concluísse que ela era oportunista e estava erroneamente motivada. Infelizmente, ela não tinha intenção de ser incerta e de dar a impressão errada. Mesmo assim, sua falta de clareza deixou o chefe no escuro quanto às suas aspirações, então ele promoveu Sherry, que não foi ambígua quanto a ter um forte interesse pela posição. Mais tarde veio à tona o quanto Liz queria aquele cargo, e o CEO ficou em descrença absoluta e profundamente desapontado. Ele concluíra que Liz não tinha interesse na promoção.

Será que você é dúbio porque procura ser humilde, mas, no processo, acaba confundindo os outros? Como é possível deixar que os outros conheçam seu talento e paixão sem soar arrogante ao declarar essas coisas? Antes de não enviar algo pelo fato de não querer se autopromover, consulte alguma pessoa sábia que possa contribuir ajudando-o a transmitir seus objetivos e desejos sem parecer orgulhoso.

O ULTRASSENSÍVEL

Todos nós conhecemos a admoestação sobre falar a verdade em amor. Entretanto, alguns são tão amorosos e sensíveis que retêm a verdade necessária, com medo de ferir a outra pessoa. Nós precisamos ouvir Provérbios 27:6: "Quem fere por amor mostra lealdade, mas o inimigo multiplica beijos." Quando nos importamos com a verdade e também com a pessoa, a coisa mais amorosa e respeitosa a fazer é falar claramente o que ela necessita ouvir. Você crê que está ajudando o outro ao permanecer em silêncio?

Uma colega e amiga sua acredita que uma promoção é iminente, mas você não crê que ela tenha sequer uma remota chance de ser indicada. Talvez você não deva dizer-lhe nada e deixar que ela ouça a notícia por conta própria, lidando com isso do jeito dela. Mas talvez você devesse dizer: "Eu sou seu amigo e posso estar errado, mas minha análise é que sua raiva explosiva em várias reuniões dos funcionários, no último ano, tirou você da corrida. Eu espero, sim, que você seja promovida, mas meu instinto me diz que vai ser uma batalha árdua para você. E meu desejo é ser seu amigo e que você comece a tratar o problema da ira para não sabotar oportunidades futuras."

Conversei com a mãe de um homem que estava nutrindo a ideia de divorciar-se da esposa. Essa senhora contou-me: "Estou inclinada a ir ao escritório dele e confrontá-lo." Eu insisti para que ela o fizesse. Disse-lhe que, por ser reservada e ter um falar suave, ela, dentre todas as pessoas, era quem tinha o direito de fazer isso, visto que seu filho sabia que a mãe raramente falava assim, e seus netos precisavam que o casamento dos pais permanecesse intacto.

Muitas vezes, pessoas como essa mãe não querem piorar as coisas e acabar provocando o indivíduo, que é capaz de se fazer de magoado, como se todo mundo o estivesse azucrinando, e então alegar: "Esta foi a gota d'água. Estou cheio da minha esposa e desta família. Você me tirou do sério!" Esse medo causa algo nas pessoas sensíveis. Elas imaginam o pior cenário possível e, assim, não se manifestam. De alguma forma, elas sentem que seriam responsáveis por terem piorado as coisas. Mas quando esse é o caso? Elas precisam ver que sua conduta e suas palavras empáticas as qualificam para se expressarem claramente e não serem vistas, pelas pessoas objetivas, como a gota d'água que estragou tudo. Para servir de encorajamento, aquele filho cancelou o divórcio e está trabalhando em seu casamento.

O ENTONADO

A esposa pergunta ao marido se ele a ama. O homem responde: "Sim, claro." Mas a hesitação e a falta de paixão dele dizem o contrário. Você já ouviu: "Não fale comigo neste tom de voz!" Eu digo em nossas conferências sobre casamento: "Você pode estar certo, mas estar errado em seu tom de voz." Quando a modulação de sua voz soa contraditória às suas palavras, aqueles que o ouvem ficarão confusos.

Alguns defendem que uma pequena porcentagem de conflitos é causada pelo assunto em questão, mas que os grandes conflitos chegam a esse ponto por causa dos tons que soam desamorosos e desrespeitosos. Os outros ficam se perguntando: *O que esta pessoa realmente sente por mim?* Todos sabem, ou deveriam saber, que o tom de voz, o modo de olhar, as expressões faciais, a postura do corpo e a proximidade com a outra pessoa enviam uma mensagem muito mais audível do que as palavras faladas. Quando há incongruência entre o verbal ("Eu amo você") e o não verbal ("nunca estar em casa"), as pessoas irão, por fim, interpretá-lo pelo não verbal.

Será esse o motivo pelo qual as pessoas seguem pela vida usando *emoticons*? Elas querem ter certeza de que ninguém entendeu mal seu tom, uma vez que suas palavras sinceramente escritas podem ser mal-interpretadas. Acho que é uma boa ideia, mas isso também reforça a falta de confiança que se tem de que as palavras transmitem claramente sua boa vontade. Quão lamentável é precisar da proteção de uma carinha feliz.

O EXAUSTO

Quando eu era pastor, tínhamos reuniões do conselho que se estendiam até tarde da noite, chegando até às 23 horas. Nesse ponto, nós, com muita frequência, desistíamos por aquela noite. Sabíamos que nosso melhor juízo já se fora bem antes, e a raiva poderia muito facilmente se mostrar durante debates acalorados.

Embora os cristãos sejam instruídos a não permitirem que o sol se ponha sobre a sua ira, esses são momentos nos quais talvez as duas pessoas não sejam capazes de resolver antes do cair da noite a questão que as irrita. Como pessoas maduras, concordar em voltar à discussão no dia seguinte geralmente mostra ser o melhor rumo a tomar. As mentes estão mais claras, assim como as palavras.

Se alguém afirma ser uma pessoa noturna, então isso se aplica à sua manhã. Cada um de nós precisa estar em sintonia com o horário em que está em seu melhor momento e saber quando não está. O melhor dos comunicadores pede um tempo quando está cansado e exausto. Uma coisa é colocar as pessoas para dormir com o que você fala; outra é falar coisas enquanto você está meio dormindo. Você pode ser meio civilizado. Antes de enviar algo, pergunte-se: *Eu estou cansado? Estou com dificuldade de enxergar para conseguir ler? Termino isto de manhã. Não vou desviar, digo, enviar.*

O FANIQUITO

Algumas décadas atrás, dois jovens e eu estávamos dormindo profundamente em uma cabana, no meio do bosque, no norte de Wisconsin. Era final de agosto e estávamos lá como parte de um programa universitário de duas semanas na natureza selvagem. Fazia calor, então deitamos sem camisa nos sacos de dormir. Estava escuro como breu. Eu estava na parte de baixo do beliche, um jovem estava na de cima e o outro, em uma cama de solteiro.

Por volta de 1 hora da manhã, um rato caiu nas minhas costas nuas. Levei alguns segundos para acordar, perceber o que era aquilo e notar que estava se movendo sobre as minhas costas. Em choque, levantei-me como um foguete e acertei o estrado da cama de cima. A pancada foi tão grande que o camarada de cima pensou que um urso entrara na cabana, então gritou: "Urso!"

Como um louco, ele pulou do alto se agitando e parou sobre o cara na cama de solteiro que, por sua vez, pensou que o urso o estava atacando. Para afastar o urso, ele gritava e dava socos, acertando o colega que pulara em cima dele. Tudo isso se instaurou em poucos segundos. Caos e confusão total.

Nós três acabamos amontoados no meio do quarto. Eu gritava: "Parem de se agitar, era um rato nas minhas costas! Não tem urso!" Quando tudo se assentou, nós começamos a rir e depois nos demos conta: nós éramos um bando de medrosos.

Essa história sempre me lembra do quão caóticas e confusas as coisas podem ficar durante um momento de pânico. Podemos correr feito galinha sem cabeça, como eu e meus amigos fizemos.

Alguns têm momentos semanais de crise que, na verdade, não são momentos de crise. Um homem, ao levar as crianças para a escola, de carro, corre porque acordou atrasado. No terceiro farol vermelho, acerta o volante e berra: "Não acredito nisto! Nada dá certo para mim!" Fica desalentado, como se os semáforos automáticos fossem alienígenas que conspiram contra ele. As duas crianças no banco de trás, com nove e onze anos, olham uma para a outra em espanto. "Quem é o papai?" Ele as deixa confusas.

Todos precisamos que os outros estendam graça a nós durante tempos de pânico. O caos reina quando uma bomba explode em um aeroporto. Mas alguns entram no modo caos e pânico sem uma ameaça. É apenas um rato, não um urso, e terminam assustando todos ao seu redor.

Alguns enviam uma mensagem em momento de faniquito por isto e aquilo que, no final, faz com que pareçam o Chicken Little gritando: "O céu está caindo!"[65] Transformam-se no garoto da fábula de Esopo, gritando "lobo" muitas vezes. Perdem toda credibilidade porque as pessoas acreditam que eles são alarmistas.

O HIPÓCRITA

"Ele disse que me amava, mas depois se foi e não me liga há dois meses. Não o vi desde então." Essa é a clássica história de um "fora" amoroso. O namorado diz uma coisa, mas faz outra. A conversa e a conduta não batem.

O gerente diz ao empregado: "Sim, entre. Eu tenho tempo para falar com você." Mas, dentro de dez minutos de conversa, o chefe começa a olhar o relógio. O funcionário pensa: *É, ele disse que tinha tempo para me ouvir, e parecia realmente interessado, mas agora me passa o recado de que não dá a mínima.*

Quando passamos mensagens contraditórias, as pessoas acreditam naquela que parece ser a mais negativa para elas. Podemos dizer palavras para compensar nossas ações, sendo elas mais negativas do que positivas. Isso não neutralizará nosso comportamento inaceitável. Palavras vazias não se sobrepõem às ações patéticas e penosas. Certa pessoa contou-me:

> Tive um cliente que constantemente me dizia que seus pagamentos atrasariam alguns meses, e então acrescentava "hehehe" ao final de seu e-mail. Eu ligava para ele e perguntava: "Você acha que isto é engraçado? Eu não estou rindo. Você está quatro meses atrasado com seu pagamento e isso é inaceitável."

O "hehehe" do cliente era vazio à luz de sua falta com os pagamentos. Indivíduos como esse são os que fazem promessas e constantemente falham em levá-las a cabo. Quando confrontados com o fato de que dizem uma coisa e fazem outra, eles se defendem com um "eu pretendia fazer." Em seu modo de pensar, pelo fato de pretenderem cumprir a promessa, eles estão certos. Mas aqueles à sua volta já não sentem que está tudo certo.

Antes de enviar algo, precisa se questionar: *Estou tentando comunicar algo que não tem poder de anular minha conduta anterior? Caso esteja, o que eu tenho de fazer em lugar de falar?*

POR QUE COMUNICAR COM CLAREZA?

Por que ser claro? Nós não queremos que as pessoas entendam mal a verdade, nossa bondade e aquilo que é necessário ouvirem. Por amarmos a verdade, vamos garantir que os outros entendam claramente a verdade, toda a verdade e nada mais que a verdade. Por precisarmos que as pessoas conheçam nossas boas intenções, vamos garantir que elas saibam claramente que estamos buscando ser amáveis e respeitosos ao transmitir a informação. Por precisarmos comunicar o que é necessário, vamos garantir que elas captem os aspectos essenciais daquilo que é vital saberem.

O desafio é nunca presumir que somos claros quando não somos. Alguns falam e escrevem como o jogador de beisebol Yogi Berra, que era famoso por suas frases embrulhadas, como: "As coisas no passado nunca são como elas costumavam ser." "Hoje em dia, uma moeda de cinco centavos *num* vale nem dez centavos." "Você vai cometer alguns erros errados no meio do caminho, mas apenas o errado sobrevive." "Descobri que coisas boas sempre vêm em pares de três."[66]

E quanto a você? Costuma ouvir: "Não estou acompanhando você. O que exatamente você quer dizer? Dá para repetir aquilo? Isto não faz sentido"? Ou, então: "Não faço ideia do que você esteja dizendo. Eu me perdi no que você falou. Não estou entendendo o seu ponto"?

Mais frequentemente, as panes na comunicação entre as pessoas de boa vontade se devem a uma honesta falta de compreensão. Vocês são amigos e aliados. São membros da família que confiam um no outro. Entretanto, devido a muitas razões anteriormente enunciadas sobre por que as pessoas não se comunicam com clareza, você não tem trabalhado duro o bastante para remover o possível mal-entendido e confusão. O incentivo para trabalhar duro é bastante simples: você quer se comunicar com clareza porque a verdade é importante, sua bondade é importante e o que é necessário é importante.

COMO RESPONDER AOS QUE COMUNICAM ALGO DUVIDOSO?

Para começar uma conversa com alguém que tenha se comunicado de maneira dúbia, estas afirmações podem ajudar você a encorajar o outro a ser mais claro.

O INCONSCIENTE diz:
— Às vezes, quando vou conferir, não me dei conta de que os outros não sabem do que eu sei.
Você responde:
— A menos que você tenha certeza, não presuma que aquilo que você sabe eu também sei. Para descobrir, pergunte-me. Após começar a falar, pergunte se o que está dizendo faz sentido. Ajude-me, ok?

O MÍSTICO diz:
— Sei o que quero dizer. Só não consigo dizê-lo.
Você responde:
— Quando não consegue dizer algo, na verdade, você não sabe o que quer dizer. E se você não sabe, eu é que não vou saber.

O LANÇADOR DE TEIA diz:
— Eu começo em um tópico, mas esse pode disparar uma teia para pontos não relacionados.
Você responde:
— Conforme você fala, seus pontos mal parecem conexos. Você sobe, desce, dá volta e os deixa pendurados. Ajude-me a ver aonde você está indo. Qual é seu ponto principal?

O MAL INTERPRETADO diz:
— Não entenderam o que eu quis dizer, mas aquelas foram minhas palavras.
Você responde:
— Embora eu possa ter entendido mal o que você falou, você disse o que disse. Então, não me culpe nem deixe suas boas intenções servirem de desculpa para negar o impacto de suas palavras.

O INCOMPLETO diz:

— Ocasionalmente deixo de fora coisas vitais, porque não respondo às perguntas do 5W1H.

Você responde:

— Por favor, não suponha que eu saiba do que você está falando sobre este assunto, ou que eu saiba como ou quando fazer o que você pede. Por favor, responda ao 5W1H e ajude-me.

O INTENCIONALMENTE IGNORANTE diz:

— Algumas vezes eu falo sabendo que estou mal-informado.

Você responde:

— Por que, de modo consciente e intencional, você faria isso? Não seria uma mentira? Apesar de ter seus motivos, você acaba me confundindo e me enganando. Ignorância não é uma bênção.

O DESORGANIZADO diz:

— Nem sempre me expresso de modo muito planejado e organizado.

Você responde:

— Aprecio o que você tem de verdadeiro e necessário a dizer, mas não gosto quando fala de um jeito desorganizado e distraído. Estou interessado em ouvi-lo, mas para mim é difícil acompanhá-lo.

O ESNOBE diz:

— Os outros não entendem por que eles são estúpidos. Não sou eu. Eu sou claro.

Você responde:

— Eu não sou estúpido por não entender. Você é que não está sendo inteligível nem suficientemente paciente para ajudar-me a compreendê-lo.

O PIADISTA diz:
— Eu tento fazer graça, mas alguns recebem como sarcasmo e entendem mal.
Você responde:
— Está tentando me fazer rir ou está astutamente provando algo? Você admite: "Não era o que eu queria dizer. Pegue leve, é uma piada." Eu não consigo. Isto não é piada. Você está sendo espertalhão, não brincalhão.

O MAL-EDUCADO diz:
— Confesso que quando sou tratado com indiferença eu reajo mal, em vez de calmamente editar o que vou dizer, para ser claro.
Você responde:
— Vociferar palavras negativas de modo impensado, definitivamente faz você parecer irracional! Anote seus pensamentos e gaste tempo se editando. Dê a si mesmo 24 horas, pode ser?

O APRESSADO diz:
— Sim, às vezes sou difícil de ser acompanhado. Eu falo muito rápido e faço comentários impulsivos.
Você responde:
— Andar rápido é bom. Falar rápido é ruim. Não faz diferença o que você fala se eu não conseguir acompanhá-lo. E alguns comentários são feitos na pressa, sem pensar, não é verdade?

O EM CIMA DO MURO diz:

— Não me posiciono em nenhum dos lados de um assunto para evitar problemas com todos os lados.

Você responde:

— Quando você concorda comigo e com a pessoa que discorda de mim, está se equilibrando em cima do muro e frustra a nós dois.

O PROVOCADO diz:

— Quando estou aborrecido, eu reajo de maneira que parece irracional e confusa.

Você responde:

— Quando está ferido e ofendido, você se torna vago. Estou mentindo? Suas palavras desenrolam um emaranhado desordenado e você fica momentaneamente fora de controle.

O INDECISO diz:

— É, quando estou indeciso, minha demora deixa os outros incertos sobre meus desejos.

Você responde:

— Quando você sabe os prós e os contras, mas continua indeciso, isso me confunde. Se postergar não é uma opção, por favor, chegue a uma decisão.

O RELATIVISTA diz:

— Não me perturbo com as minhas contradições. A verdade é o que eu digo que é no momento.

Você responde:

— Eu preciso de ajuda para saber quais são suas verdadeiras convicções. Você se contradiz. Você diz, por exemplo, que não existe um jeito certo de acreditar em alguma coisa e, depois, me diz que há um jeito certo.

O HUMILDE diz:
— Eu não quero que pareça uma autopromoção, então encubro minhas competências.
Você responde:
— Quando eu preciso realizar alguma coisa e você sabe que pode fazê-la, mas não me conta porque não quer parecer estar se autopromovendo, eu fico no escuro e nós dois perdemos.

O ULTRASSENSÍVEL diz:
— Por não querer ferir as pessoas, eu retenho o que é claramente verdade.
Você responde:
— Uma coisa é falar a verdade sem amor e outra é ser compassivo sem ser verdadeiro. Se você retiver a verdade por temer ferir, não estará ajudando.

O ENTONADO diz:
— As palavras que eu falo são sinceras e claras, mas meu tom severo deixa as pessoas aturdidas.
Você responde:
— Olhe, você pode ser claro e estar certo naquilo que exclama, mas quando faz isso a toda voz, em um tom indelicado, você está enviando outra mensagem.

O EXAUSTO diz:
— Eu não penso nem me comunico bem quando estou muito cansado, especialmente à noite.

Você responde:

— Conversas tarde da noite funcionam para as corujas, que são noturnas. Você é um pássaro matutino. Espere até amanhecer para discutir coisas com profundidade e clareza. Quando você estiver pingando de sono, largue o assunto.

O FANIQUITO diz:

— Quando fico apavorado, eu piro na batatinha e deixo os outros enervados e inseguros.

Você responde:

— Nas crises, há pânico. Mas uma unha encravada ou um motorista buzinando não é um desastre. Diante de problemas pequenos, não dispare a sirene como se o céu estivesse caindo. Você me enerva e as coisas parecem caóticas.

O HIPÓCRITA diz:

— Admito, o que eu digo soa vazio quando minhas ações não condizem com minhas palavras.

Você responde:

— A parte da conversa você faz muito bem, mas então olha para o relógio, tamborila os dedos nervosamente e dá um sorriso falso. Sua mente está em outro lugar. Fico questionando se você ouviu alguma coisa do que eu disse.

CONCLUSÃO

As palavras precisam ser bem pensadas e estar claras. Quando, por exemplo, nós estamos na outra ponta da comunicação, não conseguimos 'olhar nos olhos' de um e-mail e ver se ele está brincando. Não conseguimos ouvir o tom inocente em um tuíte.

E o Facebook não tem ainda uma resposta automática de "Não, espere. Não foi isto que eu quis dizer", para aparecer logo que o leitor interpreta de um modo errado uma publicação ou um comentário.

Muitas vezes, a percepção dos outros por trás do que nós comunicamos é tão importante quanto nossa intenção por trás do que estamos compartilhando. Embora possamos ter falado com verdade, bondade, respeito e na hora necessária, se a comunicação não é percebida desta maneira, então devemos nos perguntar se fomos tão claros quanto poderíamos ter sido.

O apóstolo Paulo, naquilo que compartilhou com a igreja em Corinto, captura nosso alvo: "Se [vocês] não proferirem palavras compreensíveis com a língua, como alguém saberá o que está sendo dito?" (1Coríntios 14:9).

Epílogo

**DEPOIS DE ENVIAR:
POR QUE CONFESSAR O QUE FOI DECLARADO SEM
VERDADE, BONDADE, NECESSIDADE OU CLAREZA?**

O sábio rei Salomão revelou estas palavras de discernimento: "[Se] caiu na armadilha das palavras que você mesmo disse, está prisioneiro do que falou. Então, meu filho, uma vez que você caiu nas mãos do seu próximo, vá e humilhe-se; insista, incomode o seu próximo!" (Provérbios 6:2,3).

"Mas, por que, Emerson? Por que eu devo confessar essas minhas falhas de comunicação? É assim que fazíamos na minha família, enquanto eu crescia. Simplesmente íamos para cama e começávamos do zero no dia seguinte, como se estivesse tudo bem. Quando eu era indelicado, meus familiares sabiam que não era minha intenção. Quando eu não era claro, eles, por fim, entendiam tudo. Por que eu preciso repensar toda palavra que não foi verdadeira, bondosa, necessária ou clara? Não podemos só deixar para lá? Além do mais, eu não vejo as pessoas se desculparem em mídias sociais depois de tuitarem mentiras sobre um candidato político, escreverem no Facebook coisas rudes sobre o próprio cônjuge, especularem erroneamente sobre uma oportunidade de investimento com o propósito de se autobeneficiarem ou sendo intencionalmente ambíguas em um e-mail enviado aos empregados sobre demissões futuras. Os outros não se desculpam, por que eu deveria?"

A resposta para isso é: quando você quer manter o melhor relacionamento possível tanto com aquele a quem ofendeu quanto com Deus, é preciso consertar as coisas, a despeito de o outro fazê-lo ou não e a despeito de como as coisas "funcionavam" para sua família na infância.

Ouça o que Jesus tem a dizer: "Portanto, se você estiver apresentando sua oferta diante do altar e ali se lembrar de que seu irmão tem algo contra você, deixe sua oferta ali, diante do altar, e vá primeiro reconciliar-se com seu irmão; depois volte e apresente sua oferta. Entre em acordo depressa com seu adversário que pretende levá-lo ao tribunal" (Mateus 5:23-25).

Jesus diz para você postar no mesmo dia, com entrega em caráter de urgência, qualquer pedido de perdão e reconciliação que precisarem ser feitos, mesmo antes de ir adorar a Deus. Mas não é só isso, ele também deixa claro que essa reconciliação que você precisa buscar imediatamente diz respeito à outra pessoa ter algo contra você, não se discute se ela deveria ou não sentir-se assim. Mesmo que ache que não há justificativa para o outro ter alguma coisa contra você, é muito sábio ir rápida e humildemente acertar as coisas. Nesses casos, você precisa pecar por excesso de precaução. E para os que sabem de fato que disseram algo errado e ofensivo, não há outro recurso saudável. Negar esse fato é como colocar uma mina terrestre debaixo do tapete. Você logo pisará nela.

Embora resolver de modo rápido e humilde pareça muito trabalhoso, poupa um muito tempo e trabalho posterior. A resposta rápida impede que o problema se agrave e fique fora de controle. Agir rápida e humildemente evita que a ofensa crie raízes.

Você precisa de mais motivos pelos quais deve confessar as palavras que não são verdadeiras, bondosas, necessárias e claras? Não que os mandamentos bíblicos, especialmente os saídos da boca de Jesus, não sejam suficientes, mas aqui vão algumas razões práticas, nas quais talvez você não tenha pensado.

SE OS PAPÉIS ESTIVESSEM TROCADOS, VOCÊ ESPERARIA POR UMA CONFISSÃO DA PARTE DO OUTRO.

Imagine que uma pessoa foi cruel com você, mentiu ou não foi clara no que lhe comunicou, e que isso tenha resultado em chateações e uma inquietação desnecessária. Se, depois, ela negasse essas questões pessoais não resolvidas que contribuíram para o problema, você estaria pronto para pegar em armas. Diria: "Uau, você não pode, pelo menos, humildemente se desculpar pela sua parte de culpa?"

Uma vez mais, voltamos à Regra de Ouro, abordada em todos os capítulos deste livro. Foi dito que, antes de falar, você deve sempre se perguntar: *Estou prestes a comunicar-me com os outros do modo como gostaria que se comunicassem comigo?* Caso falhe em fazê-lo, e em consequência fira alguém, você deve, da mesma forma, fazer-se uma pergunta: *Se alguém tivesse se comunicado comigo da mesma maneira mentirosa, indelicada, desnecessária ou dúbia com a qual eu acabei de me comunicar, será que eu gostaria que o ofensor se desculpasse comigo, o ofendido?* A resposta, muito seguramente, seria sim.

A CONFISSÃO DISPARA O COMEÇO DE UMA MUDANÇA.

Quando confessa, o que exatamente você faz? Sem muitos clichês sobre confissão, consideremos alguns elementos que isso envolve:

1. Você confessa que o modo como falou foi errado. "Eu fui grosseiro." "Não contei exatamente a verdade toda naquele e-mail." Não se deve tentar fazer parecer certo ou sem muita importância aquilo que foi dito. É melhor apenas dizer: "Eu estava errado quanto ao que publiquei no Facebook." Errado é errado, por mais duro que seja admitir. Mas assim como você valoriza quando os outros confessam que erraram, a maior parte do pessoal também vai valorizar a sua maturidade e humildade.

2. Você confessa: "Foi culpa minha." Nenhum de nós suporta alguém que desculpe-se mas acrescente uma tonelada de justificativas. "Fui indelicado, mas foi tudo culpa sua." "Eu menti, mas você não aguentaria a verdade." Quão conveniente é para uma pessoa crer que não passa de uma marionete presa a um fio, controlada por outros, que, esses sim, são os responsáveis por aquilo que ela comunicou de errado. Mas esse caráter é facilmente detectado. Lembre-se: a sua resposta é sua responsabilidade.

3. A propósito, você não precisa se desculpar pelo que os outros fizeram de errado, tampouco trazer à tona o que eles fizeram de errado. Durante a confissão, você deixa isso para eles; de ou eles pensarão que está confessando para fazer com que eles confessem. Assim, se, por exemplo, o negócio ficou acalorado e tanto você quanto o outro têm metade da culpa, você assume seus 50% sem

dizer uma palavra sobre ele assumir os 50% dele. Similarmente ao que foi dito, a resposta do outro é responsabilidade do outro.

4. Você procura perdão. Pergunta ao ofendido: "Você pode me perdoar por enviar uma cópia para o chefe daquele seu e-mail?" Não é suficiente dizer aos outros que você sente muito. Ele podem devolver: "Quem liga para o que você sente? E quanto aos meus sentimentos?" Pedir perdão e não exigi-lo faz com que os ofendidos saibam que você se importa com o que eles estão sentindo. Eles estão no banco do motorista no assunto do perdão. Você espera que o perdoem e permitam-lhe um novo começo, visto que eles são os que importam aqui. A ofensa os impactou.

5. Você declara: "Aqui está o que eu vou fazer diferente para me comunicar melhor da próxima vez." A Bíblia ensina que deve haver frutos acompanhando o arrependimento. Isso é razoável. Você esperaria que alguém que lhe confessasse um erro mudasse de rumo. Se ele confessasse um discurso áspero ou desnecessário, mas não fizesse nada para mudar, a confissão seria sem sentido.

A CONFISSÃO CORRIGE AS COISAS ENTRE VOCÊ E DEUS.

Você, que crê em Deus, já ouviu a oração do salmista: "Que as palavras da minha boca [...] sejam agradáveis a ti, SENHOR, minha Rocha e meu Resgatador" (Salmos 19:14). Você sabe que suas palavras sem amor, sem verdade, longe de serem gentis, mas desnecessárias e imprecisas para com os outros afetam o coração de Deus. Ele o ama, não importa o que você fale, mas isso não significa que Deus aprova ou aceita todas as palavras que você dirige aos outros. Sabe que, quando peca contra alguém, também peca contra Deus. Quando confessa algo para alguém, você precisa dizer também: "Pai celeste, perdoe as palavras da minha boca."

★★★★★

No final, tanto com relação a Deus quanto com relação àqueles que ofendeu, você precisa assumir a autoria por suas palavras falsas, grosseiras, desnecessárias e duvidosas. Conquanto não haja nenhuma garantia de que a parte ofendida aceitará seu pedido de desculpas, a confissão é boa para sua alma, como se costuma dizer. Quando faz o que é certo após ter comunicado o que era errado, você limpa sua consciência e experimenta paz interior. Assim, permita-me fazer-lhe quatro perguntas finais:

1. *Você precisa (escrever ou ligar), de modo rápido e humilde, até alguém que tenha ofendido?*
Se fez com que uma pessoa se sentisse profundamente ferida, frustrada, irada, temerosa, confusa ou ofendida, ignorar isso, de maneira arrogante, não remediará o problema. Antes, ele inflamará e, quando a pessoa tiver oportunidade, colocará em prática as consequências punitivas.

2. *Você precisa pedir perdão para alguém?*
Há sete palavras que eu recomendo a todos que digam: "Eu sinto muito. Você pode me perdoar?" Talvez você precise adicionar: "De que modo eu posso consertar as coisas com você?" Como não quer que as pessoas abriguem ressentimentos contra você, é preciso descobrir se elas estão dispostas a perdoar-lhe.

3. *Há alguém com quem você precisa reconciliar-se de coração e voltar a ter uma relação amigável novamente?*

Esse é o maior objetivo quanto à outra pessoa. Não se trata de passar pela confissão das transgressões para poder sair daqui. Você deve, de acordo com Jesus, reconciliar-se. Não significa que vão se tornar melhores amigos. Só com uns poucos consegue-se ter uma amizade profunda, mas é possível chegar a uma relação amigável com uns vários. Você tem de assegurar-se, o melhor que puder, de que este indivíduo não é mais um oponente ofendido determinado a conseguir retaliação.

4. *Você estaria disposto a buscar reconciliação com alguém, por nenhuma outra razão além de agradar a Deus?*

Os seguidores de Cristo precisam observar o ponto mais profundo defendido por Jesus na passagem citada de Mateus 5. Ele revela que a pessoa está diante do altar, diante de Deus, procurando oferecer-lhe seu melhor, quando, então, percebe que seu irmão tem algo contra ela. Para Jesus, esse relacionamento tem de ser restaurado para que ela possa desfrutar do relacionamento com Deus. A fim de ser capaz de estar na presença de Deus com uma consciência limpa, aquele na sua vida a quem você ofendeu toma a dianteira.

Algumas vezes, você e eu podemos achar necessário escrever um bilhete de desculpas, como esta mulher fez após falar de maneira inapropriada:

> Eu sinto muito por repassar minha mensagem para você de modo tão agressivo e desnecessário. Por favor, perdoe-me e peço que ignore isto. Eu estou com muita coisa para fazer

agora e falei movida por frustração, porque estou estressada. Por favor, perdoe meu comportamento infantil, sim?

Ela fez contato rápido e foi humilde. Rogou que o outro a perdoasse. Ela disse isso tendo em vista uma reconciliação e uma relação amigável uma vez mais. Eu sei também que agiu assim porque sabia que seu relacionamento com Deus não seria tudo que poderia ser até que ela acertasse as coisas. E fazer a pergunta permitiu-lhe saber se a outra pessoa a perdoara, e permitiu à outra pessoa perdoar-lhe.

Ao balcão de uma loja, você levanta a voz em uma reclamação e critica o caixa com uma observação depreciativa sobre a empresa. Em um piscar de olhos, muda o tom. "Eu preciso me desculpar por esse comentário rude. Eu perdi a linha. De verdade, eu sinto muito. Você não mereceu isso. Você pode me perdoar?"

Em um e-mail para um colega de trabalho, você o ataca verbalmente por pisar na bola em um projeto. Depois que envia, sabe que fez mal. Tão rápido quanto suas pernas conseguem levá-lo, você se dirige ao escritório dessa pessoa para dizer: "Ei, eu me sinto horrível com o e-mail que acabei de enviar. Perdi as estribeiras. Quando eu dei mancada, você nunca disse estas coisas para mim, você tem sido muito gentil. Eu sou um idiota. Será que pode me perdoar?"

Durante o jantar em casa, você estoura com um adolescente falastrão, mas para no meio da frase, se contém e diz: "Eu estava errado por reagir assim, especialmente por acrescentar coisas sem necessidade. Sinto muito. Você me perdoa? Bem, vamos nos concentrar no que o incomoda."

Em um e-mail para alguns companheiros de trabalho, que começou como um convite para um *fantasy game* de futebol, você divulga informações sobre um outro colega, que foi pego dirigindo embriagado e, em seguida, mudou-se para morar com a mãe, porque a esposa o expulsara de casa. À medida que os demais começam a responder, você sente que não apenas era errado divulgar o que sabia, mas que também seu motivo era errado; estava sendo vingativo porque a pessoa não lhe tratara gentilmente. Mais tarde, você vai pessoalmente a todos os que receberam o e-mail e pede desculpas. "Eu me descontrolei dizendo aquilo. Preciso pedir-lhe que me perdoe."

É fácil fazer isso? Geralmente não. É o certo e o melhor a ser feito? Sempre.

Você sabe que é o certo e o melhor a ser feito porque esperaria que, caso os papéis estivessem invertidos, as pessoas fizessem isso com você. Quando fica ofendido, você não quer que elas o ignorem. Você não gosta de ouvir: "Supere isto!" Ninguém suporta quando o outro lhe diz: "Desculpe", mas sem um pingo de preocupação com os sentimentos alheios. Por outro lado, seu coração se aquece quando uma pessoa vem até você, rápida e humildemente, expressar tristeza e buscar perdão, e lhe pergunta como pode corrigir as coisas com você.

Estamos de volta à Regra de Ouro da comunicação verdadeira.

Agradecimentos

Quero agradecer à Joy Eggerichs Reed, minha filha e agente, e Matt Baugher, vice-presidente sênior e editor do W Publishing Group, por toda consideração sobre a ideia do livro e pelo título brilhante dado por Matt. Todos amam o nome do livro, embora, às vezes, as pessoas, que me conhecem como pastor, pensem que estou dizendo: "Antes de pecar." Poderia haver algum sentido sobre isso.

Meus agradecimentos ao Kevin Harvey que me ajudou a editar o livro e, graciosamente, o que era desnecessário e pouco claro.

Pela leitura final do manuscrito, estou em dívida com Paula Major, Karen Cole e Joel Kneedler, por suas correções e recomendações. Esse é um trabalho detalhista. Obrigado!

Desejo expressar meu apreço pela equipe de uma dúzia de líderes da Thomas Nelson que se reuniu por várias horas comigo para tratar da necessidade de a sociedade pensar antes de falar. Sou grato por suas ricas sugestões. Este foi, para mim, um tempo prazeroso e inspirador.

Um "valeu!" especial para minha irmã Ann, que encontrou vários erros de digitação na última hora. Eu convoquei minha irmã porque não há ninguém melhor para me corrigir.

Agradeço o amor e o respeito de Sarah por mim, enquanto escrevia este livro. Ela acredita em mim e na mensagem do livro e se sacrificou em diversas frentes para ajudar. Obrigado, Princesa, especialmente por suas orações.

Sobre o autor

Emerson Eggerichs, PhD, é um orador público internacionalmente conhecido por tratar do tópico das relações entre homem e mulher e da dinâmica familiar. Dr. Eggerichs apresenta-se para grandes ajuntamentos ao vivo nos Estados Unidos, em suas Conferências *Love and Respect* [Amor e Respeito], baseadas em mais de três décadas de aconselhamento, bem como em pesquisas científicas e bíblicas. Essas conferências dinâmicas e transformadoras estão impactando o mundo, resultando na cura e restauração de inúmeros relacionamentos.

Bem conhecido como um palestrante dinâmico, dr. Eggerichs tem falado a públicos em todos os âmbitos, incluindo proprietários e treinadores da Liga Nacional de Futebol Americano (NFL), o time de futebol americano New York Giants e o time de basquete Miami Heat. Esteve também no torneio anual de golfe dos EUA, Players Championship, palestrando aos jogadores e a seus cônjuges, da Associação Profissional de Golfistas (PGA). Falou aos membros do Congresso e ao conjunto SEAL de forças navais americanas. Mas seu maior privilégio foi ser convidado por oficiais militares de alta patente para falar a tropas no Oriente Médio.

Dr. Eggerichs é bacharel em Estudos Bíblicos pelo Wheaton College, mestre em Comunicação pelo Wheaton College Graduate School, mestre em Divindade pela Dubuque Theological Seminary e PhD em Psicologia Familiar pelo Michigan State University. É autor de vários livros, incluindo *Amor e respeito,* campeão de vendas segundo *The New York Times, Amor e respeito na família* e, ainda não publicado em português, *Mother and son* [Mãe e filho].

Antes de lançar as conferências *Love and Respect*, dr. Eggerichs foi o pastor-sênior da Trinity Church, em Lansing, Michigan, por quase vinte anos. Emerson e a esposa, Sarah, estão casados desde 1973 e têm três filhos adultos. Ele é o fundador e presidente do ministério *Love and Respect.*

Para mais informações em inglês, por favor, visite
Love and Respect Ministry em
loveandrespect.com.

Talvez você possa curtir a página do ministério no Facebook e segui-las pelo Twitter e Instagram
@Loverespectinc.

Notas

1. Ken Broda-Bahm, "Dance Like No One Is Watching; Email Like It May One Day Be Read Aloud in a Deposition", *Persuasive Litigator* (blog). Publicado em: 28 jul. 2016. Disponível em: <persuasivelitigator.com/2016/07/dance-like-no-one-is-watching-email-like-it-may-one-day-be-read-aloud-in-a-deposition.html>. Acesso em: 23 ago. 2017.
2. "By the Numbers: 80+ Incredible Email Statistics", *DMR*. Atualizado em: 14 fev. 2017. Disponível em: <expandedramblings.com/index.php/email-statistics/>. Acesso em: 23 ago. 2017.
3. "The Top 20 Valuable Facebook Statistics", *Zephoria Inc*. Atualizado em: 1º ago. 2017. Disponível em: <zephoria.com/top-15-valuable-facebook-statistics/>. Acesso em: 23 ago. 2017.
4. David Sayce, "Number of tweets per day?". Disponível em: <dsayce.com/social-media/tweets-day/>. Acesso em: 23 ago. 2017.

5. "13 People Who Got Fired for Tweeting", *Business Insider*. Disponível em: <read.bi/j2jctJ>. Acesso em: 23 ago. 2017.
6. Jon Ronson, "How One Stupid Tweet Blew Up Justine Sacco's Life", *New York Times*. Publicado em: 12 fev. 2015. Disponível em: <nyti.ms/2jFsyjF>. Acesso em: 23 ago. 2017.
7. Seth Godin, "Email Checklist", *Seth's Blog*. Disponível em: <sethgodin.typepad.com/seths_blog/2008/06/email-checklist.html>. Acesso em: 23 ago. 2017.
8. Socrates, Essential Thinkers Series, Collector's Library (Nova York: Barnes and Noble Books, 2004).
9. Anna Pettit Broomell, Emily Cooper Johnson, Elizabeth W. Collins, Alice Hall Paxson, Annie Hillborn e Anna D. White. *In The Children's Story Garden*. Histórias coletadas por um comitê da comunidade quacre Philadelphia Yearly Meeting. Ilustrado por Katharine Richardson Wireman e Eugénie M. Wireman. (Filadélfia: J. B. Lippincott Company, 1920).
10. Robert Fulghum, *Tudo que eu devia saber na vida aprendi no jardim de infância* – edição revisada (Editora Best Seller, 2005).
11. James Clear, "Vince Lombardi on the Hidden Power of Mastering the Fundamentals", *James Clear* (blog). Disponível em: <jamesclear.com/vince-lombardi-fundamentals>. Acesso em: 23 ago. 2017.
12. Charles Dickens, *Grandes Esperanças* (São Paulo: Clássicos Abril Coleções, 2010).
13. David H. Freedman, "Lies, Damned Lies, and Medical Science", *The Atlantic*. Publicado em: nov. 2010. Disponível

em: <theatlantic.com/magazine/archive/2010/11/lies-
-damned-lies-and-medical-science/308269/>. Acesso
em: 1º set. 2017.

14. Abraham Lincoln, em carta a George E. Pickett, datada de 22 fev. 1842, citado em Ida M. Tarbell, *The Life of Abraham Lincoln* [A vida de Abraham Lincoln], vol. 2 (Nova York: Cosimo, 2009), 277,278.

15. Elon Foster, *New Cyclopaedia of Prose Illustrations* [Nova enciclopédia de ilustrações prosaicas] (Nova York e Londres: Funk and Wagnalls, 1872), 355.

16. Kent Bach, "The Top 10 Misconceptions About Implicature". Publicado em: 2005. Disponível em: <userwww.sfsu.edu/kbach/TopTen.pdf>. Acesso em: 1º set. 2017.

17. Cycling News [Notícias sobre ciclismo], "Lance Armstrong Refutes Allegations". Publicado em: 20 jul. 1999. Disponível em: <autobus.cyclingnews.com/results/1999/jul99/jul20.shtml>. Acesso em: 1º set. 2017.

18. Christian Teen Talk [Conversa com o adolescente cristão], Série Chicken Soup for the Soul, "No, Really... Barney Ate My Report Card!" (Nova York: Chicken Soup for the Soul, 2008), 41.

19. Khaled Hosseini, *The Kite Runner* (Nova York: Riverhead Books, 2013), 18.

20. Eileen Ogintz, "Why Modern Millennial Vacations Are All About Bragging Rights", *Fox News*. Publicado em: 29 jul. 2016. Disponível em: <fxn.ws/2atchL7>. Acesso em: 1º set. 2017.

21. Mark Twain, em carta a John Bellows, datada de 11 abr. 1883. Disponível em: <twainquotes.com/Lies.html>. Acesso em: 1º set. 2017.

22. Mark Twain, Autobiography of Mark Twain [Autobiografia de Mark Twain], vol. 2, "Autobiographical dictation", datada de 2 dez. 1906 (Oakland: University of California Press, 2013). Citado em: <twainquotes.com/Lies.html>. Acesso em: 1º set. 2017.
23. Benjamin Franklin, *Autobiography. Poor Richard. Letters.* [Autobiografia. Pobre Ricardo. Cartas.] (Nova York: D. Appleton, 1904), 246.
24. Meg Wagner, "Decade After Funeral, Woman Presumed Dead Talks About Mistaken ID". Publicado em 28 abr. 2016. Disponível em: <nydn.us/1rCCZFO>. Acesso em: 1º set. 2017.
25. Dale Carnegie, Como fazer amigos e influenciar pessoas, 52ª ed. (São Paulo: Companhia Editora Nacional, 2012).
26. Fiódor Dostoiévski, *Os irmãos Karamázov*, vol. único (São Paulo: Editora Martin Claret, 2013).
27. William Shakespeare, Hamlet (São Paulo: Editora Martin Claret, 2010).
28. Lauren Zander, "The Truth About People-Pleasers", Huffington Post (blog). Atualizado em: 20 out. 2016. Disponível em: <huffingtonpost.com/lauren-zander/the-truth-about-peopleple_b_8333166.html>. Acesso em: 1º set. 2017.
29. K. W. Stout, "Confessions of a Former People Pleaser (and Why You Should Stop Being One)", *Health. Mind. Power*. Publicado em: 22 jan. 2015. Disponível em: <healthmindpower.com/confessions-former-people-pleaser-stop-one/>. Acesso em: 1º set. 2017.
30. Heather Mann, Ximena Garcia-Rada, Daniel Houser e Dan Ariely, "Everybody Else Is Doing It: Exploring Social

Transmission of Lying Behavior", *PLOS* ONE. Publicado em: 15 out. 2014. Disponível em: <dx.plos.org/10.1371/journal.pone.0109591>. Acesso em: 1º set. 2017.
31. Comentário em *AskReddit*. Publicado em: 20 nov. 2012. Disponível em: <redd.it/13i1m0>. Acesso em: 1º set. 2017.
32. Pierre Corneille, Le Menteur [O mentiroso] (1644), ato 3, cena 5, citado em The Encarta Book of Quotations [O livro encarta de citações], por Bill Swainson (Nova York: St. Martin's Press, 2000), 233.
33. Vittorio Alfieri, Virginia, ato 2, cena 3, citado em Hoyt's New Cyclopedia of Practical Quotations [Nova enciclopédia Hoyt de citações práticas] (Nova York: Funk and Wagnalls, 1922), 485.
34. Ralph Waldo Emerson, *Emerson: Essays and Lectures* [Emerson: Ensaios e cartas], "The American Scholar", um discurso dado na Universidade de Harvard University, em 1837 (Nova York: Library of America, 1983), 62.
35. "Weasel word", *Wikipedia*. Atualizado em: 24 ago. 2017. Disponível em: <en.wikipedia.org/wiki/Weasel_word>. Acesso em: 1º set. 2017.
36. Isabel Fonseca, *Enterrem-me em pé: Os ciganos e a sua jornada* (Rio de Janeiro: Companhia das Letras, 1996).
37. Theodore Roosevelt, The New Nationalism [O novo nacionalismo] (Nova York: Outlook, 1910), 115,116.
38. Michael Josephson, "The Truth About Trust and Lies", What Will Matter (blog). Disponível em: <whatwillmatter.com/2016/09/truth-trust-lies/>. Acesso em: 1º set. 2017.

39. Platão, *Crátilo ou sobre a correção dos nomes* (São Paulo: Paulus Editora, 2014).
40. Mark Twain, *Mark Twain at Your Fingertips: A Book of Quotations* [Mark Twain ao alcance dos dedos: Um livro de citações] comp. e ed. por Caroline Thomas Harnsberger (Nova York: Dover Publications, 2009), 484.
41. Mark Twain, *As aventuras de Huckleberry Finn* (São Paulo: Companhia Editora Nacional, 2005).
42. *Bambi*, animação dirigida por David Hand (Burbank, CA: Walt Disney Pictures, 1942).
43. Blake Skylar, "Do Social Networking Sites Create Anti-Social Behavior?", *People's World*. Publicado em: 8 ago. 2011. Disponível em: <peoplesworld.org/article/do-social-networking-sites-create-anti-social-behavior/>. Acesso em: 9 set. 2017.
44. Luma Simms, "From Salem to DC: Mary Eberstadt's Analysis of the Dangerous Religion of Secular Progressivism", *The Public Discourse*, Witherspoon Institute. Publicado em: 28 jun. 2016. Disponível em: <thepublicdiscourse.com/2016/06/17232>. Acesso em: 9 set. 2017.
45. George Eliot, *O moinho à beira do rio* (Porto: Editora Europa América, 1978).
46. Dietrich Bonhoeffer, *The Collected Sermons of Dietrich Bonhoeffer* (Minneapolis: Fortress Press, 2012), 144.
47. Jeffrey Marlett, "Leo Durocher", Society for American Baseball Research. Disponível em: <sabr.org/bioproj/person/35d925c7>. Acesso em: 9 set. 2017.
48. Noel Sheppard, "Dr. Ben Carson Strikes Back at MSNBC's Toure Neblett: I'm No Uncle Tom", MRC

NewsBusters. Publicado em: 26 mar. 2013. Disponível em: <bit.ly/2gIHBWL>. Acesso em: 9 set. 2017.
49. Charles Schulz, *Peanuts*. Disponível em: <gocomics.com/peanuts/1964/12/15>. Acesso em: 9 set. 2017.
50. Jon R. Stone, The Routledge Book of World Proverbs [O livro Routledge de provérbios mundiais] (Nova York: Routledge, 2006), 129.
51. Discurso "I Have a Dream", proferido em 1963, citado em Martin Luther King, Um apelo à consciência, ed. por Clayborne Carson e Kris Shepard (Rio de Janeiro: Jorge Zahar Ed., 2006).
52. Martin Luther King Jr., Força para amar (Lisboa: Livraria Morais Editora, 1966).
53. Carol Harker, "Coach", *Iowa Alumni Magazine*. Publicado em: dez. 1989. Disponível em: <iowalum.com/magazine/dec89/coach.cfm?page=all>. Acesso em: 9 set. 2017.
54. Franklin D. Roosevelt, "Radio Address to the Young Democratic Clubs of America". Transmitido em: 24 ago. 1935. Por Gerhard Peters e John T. Woolley, The American Presidency Project. Disponível em: <presidency.ucsb.edu/ws/?pid=14925>. Acesso em: 9 set. 2017.
55. Emily Post, "Quotations", The Emily Post Institute. Disponível em: <emilypost.com/aboutemily-postquotations>. Acesso em: 9 set. 2017.
56. Audrey Hepburn, em "Audrey Hepburn, Many-Sided Charmer", *Life*, Publicado em: 7 dez. 1953, 132. Disponível em: <books.google.com/books?id=AMBAJ&printsec=frontcover&source=gbs_ge_ summary_r&cad=0#v=onepage&q&f=false>. Acesso em: 9 set. 2017.

57. George MacDonald, *Complete Works of George MacDonald* [Obras completas de George MacDonald] (Hastings, Reino Unido: Delphi Classics, 2015).
58. C. G. Jung, *Obra completa de C. G. Jung* (Petrópolis: Editora Vozes, 2011).
59. Tiffany Bloodworth Rivers, "Tweets, Text and Chats, Oh My! 5 Ways to Resist Workplace Distractions", *iOffice*. Publicado em: 27 jul. 2016. Disponível em: <po.st/olhVHS>. Acesso em: 13 set. 2017.
60. "How Do You Deal with People Who Dominate Conversation?" *Quora*. Disponível em: <quora.com/How-do-you-deal-with-people-who-dominate-conversation>. Acesso em: 13 set. 2017.
61. Kingsley Martin, "Winston Churchill Interviewed in 1939: 'The British People Would Rather Go Down Fighting'", *New Statesmen*. Publicado em: 6 jan. 2014. Disponível em: <newstatesman.com/archive/2013/12/british-people-would-rather-go-down-fighting>. Acesso em: 13 set. 2017.
62. Anthony Hope Hawkins, "A Very Fine Day", *Collected Works of Anthony Hope* [Obras coletadas de Anthony Hope] (Hastings, Reino Unido: Delphi Publishing, 2016).
63. Rudyard Kipling, "I Keep Six Honest Serving Men", *The Kipling Society*. Disponível em: <kiplingsociety.co.uk/poems_serving.htm>. Acesso em: 15 set. 2017.
64. Stephen R. C. Hicks, *Explaining Postmodernism: Skepticism and Socialism from Rousseau to Foucault* [Explicando pós-modernismo, ceticismo e socialismo de Rousseau a Foucault] (Tempe e New Berlin/Milwaukee: Scholargy Publishing, 2004), 184.

65. *O galinho Chicken Little*, animação dirigida por Mark Dindal (Walt Disney Pictures, 2005).
66. Dan O'Neill, "Yogi Berra's Commencement Address at St. Louis University", *St. Louis Post-Dispatch*. Publicado em: 27 mai. 2007.

Este livro foi impresso pela Intergraf, em 2018, para a Thomas Nelson Brasil.
O papel de miolo é avena 80 g/m², e o da capa é cartão 250 g/m².